Barbara Lüthi **Live aus China**

Für Lara und Dylan

Inhalt

Vorwort und Dank

China fasziniert mich, seit ich 1996 nach Hongkong kam, um in der damals noch britischen Kronkolonie zu leben. Hongkong bildete den Ausgangspunkt für meine Reisen in ein Land, das für mich bis zu diesem Zeitpunkt noch neu war. Meine Reisen gestalteten sich damals eher zufällig. Das war richtig und gut so, denn genau darin lag ihre Qualität. Ich beobachtete, was in China geschah, ich hatte keine vorgefasste Meinung, was China sein sollte oder werden könnte.

Später kehrte ich als Journalistin für das Schweizer Fernsehen zurück, um über China zu berichten. Heute – 18 Jahre nach meiner ersten Reise – bin ich noch immer fasziniert, aber auch erstaunt und erschüttert. China ist intensiv und fordert meine ganze Aufmerksamkeit. Aufregend wie eine neue Liebe und störrisch wie ein kleines Kind fordert es ständige Präsenz, volle Konzentration und bringt einen an den Rand der Erschöpfung.

China ist ein Land im Wandel, ein wirtschaftlicher Gigant, Konsument, Produzent, Umweltverschmutzer – eine scheinbar nicht aufzuhaltende Kraft. Das wahre Rückgrat der Nation sind Chinas Menschen. Belastbar und nachgiebig erdulden sie nach wie vor ein Regime, dem es vor allem um eines geht: an der Macht zu bleiben. In der chinesischen Nationalhymne heißt es: »Die Völker Chinas haben einen Wendepunkt erreicht. Jeder muss sich der Herausforderung stellen. Steht auf! Steht auf! Millionen Herzen schlagen für einen Gedanken. Marschiert voran! Marschiert voran!« Aber wohin? Dieser Frage wollte ich nachgehen in meinen acht Jahren als China-Korrespondentin des Schweizer Fernsehens.

Ich bin durch Chinas Provinzen, Sonderverwaltungszonen und autonomen Gebiete gereist. Ich habe die Fabrikhallen in Südchina besucht, die Bauerndörfer in Zentralchina, die Kasinos in Macau. Angetroffen habe ich ein Land voller Gegensätze und Widersprüche. Es gibt nicht nur ein China. China ist vieles und das kann verwirren. Chinesen können besser mit Widersprüchen und Gegensätzen umgehen als wir. Als Journalistin konnte ich Widersprüche und Zusammenhänge aufzeigen und Fragen stellen.

Das Material für dieses Buch ist entstanden aus Geschichten, die ich während meiner Zeit als China-Korrespondentin für das Schweizer Radio und Fernsehen SRF recherchiert und realisiert habe. Viele der Interviews habe ich für meine Fernsehbeiträge geführt, einige erst nachträglich für dieses Buch. Es soll einen Blick hinter die Kulissen gewähren. Begegnungen, Gespräche und Begebenheiten, die in geschriebener Form den Platz erhalten, den sie verdienen.

Ich möchte den vielen Menschen danken, die mich während meiner Zeit in China begleitet und unterstützt haben. Vor allem meinem Mann Tomas, der die ersten Jahre bei vielen Reportagen dabei war und mir mit seiner Erfahrung zur Seite stand. Meinen Kindern, Lara und Dylan, die so oft Verständnis haben mussten, wenn ich wieder die Koffer packte, um eine Reportage zu realisieren, und Riza, die sich rührend um meine Kinder kümmerte, wenn ich weg war. Meinen Eltern und meiner Schwester, die mich von Ferne unterstützten. Und meinen Vorgesetzten in Zürich, die genug Vertrauen in mich hatten, um mich machen zu lassen.

Meine chinesischen Mitarbeiter, vor allem meine News-Assistentinnen und Produzentinnen Lisha Huang, Siyun Zheng, Sissi Zheng, Yuning Qi und Daisy Cherry, die mit ihren akribischen Recherchen, ihrem Elan und Mut einen großen Teil zu meiner Berichterstattung aus China beigetragen haben. Auch viele freie Mitarbeiter waren über die Jahre beteiligt, darunter Connie Young und Bessie Du.

Ich möchte auch den vielen Menschen danken, die ich namentlich nicht erwähnen kann. Sie haben mir im Zusammenhang mit diesem Buch geholfen oder bei meiner Berichterstattung als China-Korrespondentin. Sie haben mich auf die richtige Fährte geführt und mich mit Wissen und Informationen unterstützt. Noch immer ist es eine Realität in China, dass Menschen, die den Journalisten Einblick in sensitive Themen geben, Schwierigkeiten bekommen können. Daher habe ich einige Namen im Buch verändert, einige Menschen anonym zitiert und einige Begebenheiten, wie zum Beispiel konkrete Einschüchterungsversuche der Regierung, nicht erwähnt, da mich ehemalige Mitarbeiter und Informanten darum gebeten haben. Das ist sicherlich nicht ideal, aber es ist im Falle Chinas nicht anders möglich.

In China habe ich Menschen kennengelernt, die mich inspirierten und beeindruckten. Aktivisten, Bürgerrechtler, Anwälte, Unternehmer, Bauern, Millionäre, Wanderarbeiter, Journalisten, Kameraleute und Studenten. Oft waren es kurze Begegnungen, einige haben sich zu Freundschaften entwickelt, die ein Leben lang halten werden. So manches Abenteuer habe ich mit den Kameramännern erlebt, mit denen ich über die Jahre gedreht habe: Petr Svidensky, Nathan Mauger, Michael Moennich, Diego Herrero, Curtis Rodda, Gael Carron und einige mehr. Sie waren hochprofessionell und haben auch in angespannten Situationen nie den Fokus verloren. Die Korrespondentengemeinde in Peking war mir wie eine zweite Familie. Wir haben uns gegenseitig geholfen, Geschichten besprochen und Informationen ausgetauscht.

Während des Schreibprozesses waren es vor allem Simone Schupp, Sabina Lüthi und Susanna Heimgartner, die so manche Kapitel in Rohfassung gelesen haben und mich mit ihren Inputs und Anregungen ermuntert haben, weiterzumachen. Ein ganz spezieller Dank gilt meiner Lektorin Esther Hürlimann, die meinen Text geschliffen hat, sprachlich und gedanklich. Sie hat mich während des Schreibprozesses mit sanfter Bestimmtheit auf dem richtigen Weg gehalten. Unsere Skype-Diskussionen zwischen Hongkong und Zürich haben mich durch so manches Tal getragen.

Dieses Buch zu schreiben, war eine ganz neue Erfahrung. Als Fernsehjournalistin bleibt oft keine Zeit, lange über das Gesehene und Gefühlte nachzudenken. Beim Schreiben habe ich viele Szenen nochmals durchlebt und auf eine neue Art verarbeitet. Ich habe geweint und gelacht in den Nächten, die ich am Schreibtisch verbrachte. Die Fakten in den einzelnen Kapiteln beziehen sich auf die Jahre, in denen ich eine Reportage gedreht habe. Es kann sein, dass es seither Anpassungen oder Veränderungen der Zahlen und Fakten gab. Dieses Buch spiegelt mein Interesse für ein Land, das mich fast zwei Jahrzehnte lang in Atem hielt. Ich habe gesehen, wie sich China verändert, und habe versucht zu dokumentieren, wo seine Stärken, Schwächen und Herausforderungen liegen.

Barbara Lüthi
Hongkong, im Herbst 2014

Ankunft in Peking

»100 Jahre mussten wir auf die Olympischen Spiele warten.
1907 haben wir uns das erste Mal beworben. Jetzt ist unser Traum
wahr geworden. Wir sind glücklich, China hat es geschafft,
wir sind eine stolze Nation.«

Einwohner Pekings

»Die Olympischen Spiele sind pure Propaganda, die Regierung
zeigt dem Volk und der Welt: Schaut her, das haben wir
alles geschafft, wir sollten weiterregieren. Die Olympischen Spiele
werden von der Regierung genutzt, um den Nationalismus
zu fördern, es ist eine Machtdemonstration eines totalitären
Staates.«

Yu Jie, chinesischer Schriftsteller

Im Januar 2006 kam ich nach China – mit zwei Koffern und dem
Gefühl, den besten Job der Welt zu haben. Als Journalistin sollte
ich aus der größten Nation berichten, die sich in der wohl drama-
tischsten Transformationsphase ihrer Geschichte befand. In der
kommenden Dekade hatte ich das Privileg zu verfolgen, wie sich
dieses Land in riesigen Schritten auf den Weg an die Weltspitze
macht.

Auf dem Weg vom Flughafen in die Stadt bekam ich eine Ahnung davon, welches Abenteuer mich wohl erwartete. Mein Taxifahrer, kettenrauchend, fuhr mich an schäbigen Gebäuden und
endlosen Baugeländen vorbei. Über der Stadt lag ein milchiger
Dunst.

Die Hauptstadt wirkte düster. Doch ich war enthusiastisch. Mein Mann Tomas hingegen, der mir zehn Monate später aus Berlin nach Peking folgte, hatte das Gefühl, viel an Lebensqualität einbüßen zu müssen.

Ich war nicht gekommen, um als China-Korrespondentin einen Vorgänger abzulösen. Ich verfügte daher weder über Kontaktlisten, Tipps und Tricks noch über ein Büro oder eine Wohnung. Einzig die Telefonnummer einer Immobilienmaklerin und eine Hoteladresse trug ich bei mir. Das Beijing Hotel wählte ich wegen des Namens, seiner Geschichte und seiner Lage: Das Hotel liegt dort, wo sich die Wangfujing – Pekings berühmte Einkaufsmeile – mit der geschichtsträchtigen Chang'an Avenue kreuzt.

Die zehn Fahrspuren breite Avenue führt am Tor des Himmlischen Friedens vorbei in den Norden des Tian'anmen-Platzes und wird mit zahlreichen wichtigen Ereignissen der chinesischen Geschichte assoziiert: Hier manifestierte sich 1919 die Bewegung des 4. Mai, von der die Kommunistische Partei ihre Entstehung ableitet. Hier führte 1973 die Beerdigungszeremonie von Zhou Enlai vorbei, der nach der Gründung der Volksrepublik 1949 Chinas erster Premierminister und Außenminister war. Und hier manifestierte sich 1989 auch die Demokratiebewegung, die am 4. Juni auf dem Platz des Himmlischen Friedens vom chinesischen Militär gewaltsam niedergeschlagen wurde. Laut Schätzungen des chinesischen Roten Kreuzes kamen in Peking während des »Zwischen-falls vom 4. Juni«, wie das Massaker im offiziellen chinesischen Sprachgebrauch lautet, 2600 Menschen ums Leben und 7000 wurden verletzt.

Die wohl denkwürdigste Szene, die sich auf der imposanten Avenue abspielte, fand am 5. Juni 1989 statt. An diesem Tag erlangte ein nicht identifizierter Mann internationale Bekanntheit: der Tank Man. Er stellte sich vor einen Konvoi von Panzern und hinderte diesen am Weiterfahren. 1998 nahm ihn das »Time Magazine« in die Liste der 100 einflussreichsten Personen des Jahrhunderts auf.

An diese Szene des Heldentums dachte ich, als ich mit meinen zwei Koffern an der Chang'an Avenue in der Nähe des Platzes des Himmlischen Friedens, umgeben von streng bewachten Marmorgebäuden mit eindrücklichen Eingangsportalen, ausstieg, um im Beijing Hotel einzuchecken. Sogleich präsentierte sich mir das chinesische Dienstleistungsbewusstsein und somit jede Menge Verwirrung. Ich war müde und ich muss hier einleitend einmal sagen, dass ich nicht der geduldigste Mensch auf der Welt bin. China kümmerte das recht wenig. Und da ich mit meinen wenigen Sätzen Chinesisch, die ich konnte, nicht viel zu sagen hatte, wartete ich. Die rot gekleideten Damen an der Rezeption fanden meine Reservation nicht. Sie unterhielten sich aufgeregt. War es das Gültigkeitsdatum meines Passes? War ihnen mein Visum suspekt, das verriet, dass ich keine gewöhnliche Touristin war, sondern gekommen, um zu beobachten, zu dokumentieren und zu hinterfragen? Oder bildete ich mir das alles nur ein, und vor mir lief einfach nur das Standardprogramm ab, wenn jemand in Peking für einen Monat in ein Hotel einchecken will? Ich wusste es nicht, doch mir war klar, dass in China eigentlich alles verhandelbar ist, solange keine Behörden im Spiel sind.

Nach nervenaufreibenden zwanzig Minuten kam mir der Einladungsbrief des chinesischen Außenministeriums in den Sinn, den ich triumphierend aus der Tasche kramte. Alle Auslandskorrespondenten, die nach China reisen, werden offiziell von der Regierung eingeladen. Unser Aufenthalt im Land muss via chinesische Botschaft vom Außenministerium bewilligt werden. Vor den Olympischen Spielen war es relativ einfach, ein Journalistenvisum für China zu bekommen. Internationale Medien waren willkommen im Land, wir sollten über die Entwicklungen berichten. Diese großzügige Haltung sollte sich nach der gigantischen Show Chinas auf der Weltbühne wieder ändern.

Nach ausführlichem Studium meines Einladungsbriefes und weiteren aufgeregten Diskussionen riefen die Damen in Rot ihren

Vorgesetzten in Schwarz, der nach etlichen Telefongesprächen offenbar anerkannte, dass ich legal im Land war, und dafür sorgte, dass ich ein Zimmer erhielt, für das ich eine astronomische Kaution hinterlegen musste.

Endlich öffnete ich die Türe zu meinem provisorischen Zuhause. Das Zimmer war groß und kalt, die Minibar leer, und die 27 Fernsehkanäle zeigten ausschließlich chinesisches Staatsprogramm. Mir wurde schnell klar: Ich brauchte ein richtiges Zuhause. Ich wählte die einzige chinesische Telefonnummer, die ich in meinem Telefon gespeichert hatte, und schon am nächsten Morgen traf ich die Immobilienmaklerin in der Hotellobby. Winnie fragte mich in perfektem Englisch, wie viele Stunden ich Zeit hätte, um eine Wohnung zu finden. Mir gefielen die Effizienz in ihrer Stimme und die Entschlossenheit in ihrem Auftreten. In diesem Moment verstand ich: Das Tempo in Peking entspricht mir mehr als jenes in Zürich.

An einem Tag besichtigten wir sechs Wohnungen, ich unterschrieb einen Vertrag und zog ein. Das Wichtigste für den Anfang: Die Wohnung war möbliert und verfügte über Internet. Sie befand sich in einer 1500 Appartements umfassenden Siedlung namens »China Central Place« im Chaoyang-Quartier, das sich gerade in einem gigantischen Umbruch befand. Zwischen den traditionellen Garküchen und Verkaufsständen entstanden neue trendige Einkaufszentren und Fünfsternehotels.

Meine Chinesischlehrerin machte mir gleich bei unserer ersten Lektion klar, dass ich nebst meinem westlichen Namen auch einen chinesischen brauchte. Niemand möge die vielen Rs in Barbara. Mir schwebte etwas Liebliches vor à la »weißer Jasmin«. Doch sie taufte mich auf den dreisilbigen Namen »Ba Ba La« – ein vernichtendes Urteil, wie ich fand. Meine Versuche zu widersprechen stießen jedoch auf taube Ohren. Sie klopfte mit ihrem Zeigefinger erst auf ihre Armbanduhr und dann auf das Textbuch, das aufgeschlagen vor uns lag. Es war zwecklos. Ich gab die Jasmin-Idee auf und lenkte ein.

Nach dieser frustrierenden Chinesischlektion – es dauerte zehn Minuten, bis ich mein Geburtsdatum richtig formulierte – brauchte ich etwas Aufmunterung. Diese fand ich in einem Café gegenüber meiner Wohnsiedlung, das Caffè Latte und Cappuccino servierte. Das Problem war einzig die Straße. Mein Mann und ich nannten sie später Sniper Alley wegen des unkalkulierbaren Risikos, das deren Überquerung darstellte. Verlässt man den Fußgängerstreifen, befindet man sich in einer Kampfzone, in der die Fußgänger das schwächste Element sind. Auf Chinas Straßen herrschen darwinistische Zustände: Nur der Stärkere überlebt. Schließlich aber saß ich doch vor meinem Caffè Latte, der vorzüglich schmeckte.

»Du siehst verloren aus, kann ich dir helfen?«, sprach mich eine junge Frau an mit einem Lächeln, das den ganzen Raum erhellte an diesem smoggeschwängerten Wintertag. Es gehörte Tammy Hu, der Inhaberin des Cafés, die meine beste Freundin in China werden sollte.

»Unsere alte Stadt – vom Winde verweht«

Wie viele Neuankömmlinge genoss ich an China das Tempo und das Chaos. Dieses Durcheinander und der Ansporn, sich zu verändern, faszinierten mich. Das Land erlebte eine der größten Explosionen in seiner Geschichte. Und ich kam inmitten dieses Prozesses an – gerade als sich Peking auf die Olympischen Spiele von 2008 vorbereitete.

Weite Teile der Stadt verschwanden und wurden für diese gigantische Selbstinszenierung neu erbaut. Die Transformation der Stadt war auf dieses eine Ziel hin schnell und kompromisslos. So wurden beispielsweise die Hutongs, die traditionellen Hofhäuser, und die alten Stadtmauern abgerissen, um Platz zu machen für futuristische Stadien, Flughafen-Terminals und Bürogebäude.

Die Olympischen Spiele sollten ein Ereignis der Superlative werden. China wollte die besten, teuersten und modernsten Spiele aller Zeiten präsentieren. Doch bei aller Euphorie gab es auch Kritik. Aufsehen erregte die groß angelegte Zwangsumsiedlung von Tausenden von Bürgern in die Vorstädte Pekings. Es lohne sich nicht, die Hutongs zu renovieren, rechtfertigte die Stadtregierung die Abrissprogramme und Zwangsmaßnahmen.

Wo an einem Tag Restaurants, Bars und Häuser standen, waren am nächsten Tag nur noch Trümmerhaufen zu sehen. Chai, das chinesische Zeichen für Abbruch, stand überall an den Hauswänden. Die Plakatwände in der Nähe der Baustellen waren mit Bildern der Altstadt und dem Slogan dekoriert: »Unsere alte Stadt – vom Winde verweht«.

Wenn man inmitten eines solch rasanten Veränderungsprozesses lebt, ist es nicht einfach zu verstehen, ob man zustimmen, ehrfurchtsvoll staunen oder protestieren soll. Viele Menschen waren schlicht überfordert. Ich treffe Ding Jie inmitten einer Trümmerwüste. Ihr traditionelles Haus, in dem ihre Familie seit vier Generationen lebt, ist eines der letzten, das noch steht im historischen Qianmen-Viertel. Ein Leben in einer bereits untergegangen Welt.

»Niemand will hier weg«, sagt Ding Jie. »Die Regierung möchte, dass wir umziehen, doch die Hutongs und die Menschen, die in den Hutongs wohnen, bilden eine Einheit. Nirgends sonst können wir ein solch harmonisches Umfeld wiederfinden. Wir können uns den Veränderungen nicht so schnell anpassen, wie das die Regierung von uns verlangt.«

Ein paar Straßen weiter harrt Familie Cao in den Trümmern aus. Die Caos hatten ihre Hauswände flächendeckend mit Plakaten des chinesischen Präsidenten Hu Jintao beklebt. So beschützten einst die Mönche während der Kulturrevolution ihre wertvollen Buddhastatuen. Doch auch die Caos müssen den Baggern weichen. Zwei Drittel des historischen Pekings sind bereits verschwunden, die Altstadt wird in Rekordzeit abgerissen. Anfang 2006 misst Pekings Bauzone 50 Millionen Quadratmeter. Ein gigantisches Business, denn staatliche Bodenrechte sind käuflich, sie werden von den Behörden an jene Immobilienfirmen vergeben, die am meisten bezahlen.

In der Nacht werden Plakate an die Hauswände geklebt, die verkünden, wann es zum Abriss kommen soll. Laut den Hausbewohnern nützen Beschwerden nichts. Die Bulldozer kommen pünktlich zum besagten Zeitpunkt und schaffen Platz für das moderne Gesicht der Olympiastadt. Den Menschen bleiben im schlimmsten Fall nur 24 Stunden, um zu packen. So wie Frau Zhou, die mich durch ihren Hutong führt, der am nächsten Tag abgerissen werden soll. »Ich weiß nicht, wo ich hin soll. Sie wollen mir mein Leben wegnehmen. Jeder Yuan, den ich verdient habe, steckt in diesem Haus. Von der kommunistischen Partei habe ich noch nie etwas erhalten«, weint die alte Frau.

Laut den Behörden wurde pro Quadratmeter eine Entschädigungssumme festgelegt. Genaue Zahlen erfahren wir nicht, unsere Interviewanfrage wird vom Büro für Stadtplanung abgelehnt. Frau Zhou zeigt uns den Vertrag, den sie unterschreiben musste, falls sie eine Kompensation erhalten wolle. In dem Vertrag steht, dass sie mit dem Abbruch des Hauses und der Umsiedlung einverstanden ist. Wie hoch die Kompensation ist und wo sie das Geld abholen kann, darüber wurde die alte Frau nicht informiert. Doch ihr war klar, dass sie keine Wahl hatte.

Frau Zhou beginnt zu packen. Wohin sie zusammen mit ihrem Mann umgesiedelt wird, weiß sie nicht. Sie weiß lediglich, dass es weit außerhalb des Stadtzentrums ist. Der Abschied von den Hutongs sei ein Abschied von Traditionen, ein Abschied von einem Leben, das nie mehr zurückkommen werde. Und ein Symbol für die neue Stadt, die Peking sein wolle, und das neue Land, das China zu sein vorgebe, sagt Frau Zhous Ehemann. Dann bittet er uns zu gehen. Die Behörden hätten ihnen verboten, mit ausländischen Journalisten zu sprechen.

Mondäne Bürogebäude, Wohnkomplexe und Einkaufszentren: Das soll die Welt sehen. Die Stadt putzt sich heraus für die ausländischen Gäste und die Nation ist stolz. Vor allem junge Chinesen sehen in den Olympischen Spielen eine Chance für das ganze Land. »Peking hat sich verändert, alles ist so modern geworden. Wir werden uns der Welt von unserer besten Seite zeigen, wir sind weltoffen und hoch motiviert«, frohlockt ein junger Mann und zeigt stolz auf die Baukräne und Bagger, die Tag und Nacht arbeiten, um die alte Welt in eine neue zu verwandeln.

Die Schnelligkeit der Veränderungen treibt alles ins Extreme, oft ist die Stadt vollends in Smog eingehüllt. Die neue Hauptstadt wird für mich zum Synonym für Chinas Aufstieg.

Chinas Wachstum hatte vor meiner Ankunft bereits jenes von Italien und Frankreich überholt. 2006 überrundete es jenes von England. Ein Ziel, das sich Mao Zedong bereits fünfzig Jahre zuvor gesetzt hatte. Er wollte das weitgehend noch bäuerliche Riesenreich mit aller Gewalt industrialisieren. Die Kampagne scheiterte auf schrecklichste Weise. Diesmal war es anders, China war anders. Die Nachrichtenorganisationen, die noch keine Korrespondenten im Land hatten, schickten welche. Allen war klar, dass hier etwas vor sich ging, das seinesgleichen sucht. Viele der ausländischen Korrespondenten waren im Diplomatic Compound nahe des Ritan Parks an der Kreuzung der Chang'an Avenue und der zweiten Ringstraße untergebracht, die das alte Stadtzentrum von Peking umkreist – oder das, was davon noch übrig war.

Nach der Ankunft meines Mannes Tomas, der für das Tschechische Fernsehen gekommen war, zogen wir zusammen in eine neue Wohnung. Die Wohnung war so riesig, dass wir auch gleich die Büros unserer beiden Fernsehstationen hier einrichteten. Im Nachhinein ein Fehler – die Work-Life-Balance geriet so schnell aus dem Lot.

Ein Freund, der uns nach einem Jahr besuchte, zeigte sich erstaunt darüber, dass wir nur in unseren Büros Möbel hatten – außer einem Sofa und einer Matratze am Boden. Für mich war ein funktionales Newsoffice ein Fortschritt, denn bis dahin hatte ich aus meiner kleinen Wohnung heraus operiert, meine Texte schrieb ich im Café oder in einem Hotelzimmer auf meinen Reisen durch das Land. Mein belgischer Kameramann, den ich aus Südafrika kannte, war eigentlich in Manila stationiert und kam jeweils für ein paar Wochen, um mich zu begleiten. Es war das perfekte Chaos, genauso wie China.

Je schneller sich mein Umfeld veränderte, desto größer wurde mein Verlangen nach einer gewissen Struktur. Ein richtiges Büro war der erste Schritt und noch mehr Struktur brachte Lisha, meine erste News-Assistentin, der ich einige meiner intensivsten Geschichten verdanke. Auch profitierte ich davon, dass mein Mann ebenfalls Journalist war. Von CNN kommend war er ein absoluter Profi. Oft arbeiteten wir zusammen und produzierten die gleichen Geschichten. Tomas filmte zudem noch. Zusammen mit Lisha waren wir im ganzen Land unterwegs, freie Tage gab es in den ersten Jahren selten. China stand im Fokus der Weltöffentlichkeit und mein Fokus war es, darüber zu berichten. Alles andere musste warten.

»Ich muss etwas für mein Land tun«

Die chinesische Regierung hatte ganz klare Vorstellungen, worüber ausländische Journalisten berichten sollten. Doch diese stimmten meist nicht mit unseren überein. Im Januar 2007, ein Jahr vor den Olympischen Spielen, gab es dann eine Veränderung: Ausländische Journalisten mussten nicht mehr für jede Reise und jedes Interview eine staatliche Bewilligung einholen. Wir konnten uns frei im Land bewegen und brauchten für Interviews einzig die Einwilligung der Interviewpartner.

Peking hatte sich mit der Organisation der Olympischen Spiele verpflichtet, Pressefreiheit zu garantieren. Zumindest nach außen hin, denn die Pressefreiheit ist ein Grundsatz der olympischen Charta. Doch in vielerlei Hinsicht wurde diese auch vor und während der Spiele untergraben. Die ausländischen Medien interessierten Geschichten des Wachstums und der Veränderung, des Heldentums und der Inspiration sowie der Unterdrückung und des Machtmissbrauchs. Die chinesische Regierung aber wollte den ausländischen Medien ein ausschließlich positives Chinabild vermitteln.

»La la dui« ist eine Geschichte, die das zum Ausdruck bringt. La la dui, ein Wort, das mich noch immer zum Lachen bringt. Auf Chinesisch heißt es jubeln. Wir werden eingeladen, die olympischen Vorbereitungen der Gruppe »zivilisiertes Jubeln« zu filmen.

Die Regierung will während der Olympischen Spiele nichts dem Zufall überlassen. Dazu gehört, dass die Chinesen lernen sollen, wie sie sich im Stadion zu benehmen haben. Das chinesische Publikum ist nämlich bekannt dafür, dass es entweder zu zurückhaltend ist oder zu laut und unanständig. Damit sich die Gastgeber dem internationalen Fernsehpublikum von ihrer besten Seite zeigen können, werden die Pekinger Pensionäre eingespannt. Sie sollen in den Stadien dem chinesischen Publikum vormachen, wie man olympisch jubelt. Die Arbeitsgruppe für »zivilisiertes Jubeln« trifft sich jeden Samstag, um die neuesten Slogans zu lernen, mit denen die Athleten in den Stadien angefeuert werden sollen. »Ho ho, China go!« ist der Renner.

Die freiwilligen Olympiahelfer erhalten von den Organisatoren ihre Cheerleader-Utensilien: eine Tasche mit zwei aufblasbaren Stäben, womit sie Klatschgeräusche machen können, und ein Heft mit bebilderten Instruktionen. Es ist ein Drängeln wie beim Schlussverkauf, die professionellen Jubler nehmen ihre Aufgabe ernst: »Wir wollen die besten Cheerleader der Welt werden«, strahlt eine begeisterte Pensionärin. Bevor das Training beginnt, müssen die Massen schwören. Die Halle ist zum Bersten voll, die Menschen stehen aufrecht und sagen im Chor: »Ich schwöre, meinem Land Ehre zu machen. Ich werde den olympischen Geist studieren und verbreiten. Ich werde die Leute animieren, zivilisiert zu jubeln.«

Die besten Cheerleader erhalten freie Eintrittskarten in die Stadien. Es sei einfach, den Menschen das Jubeln beizubringen, denn die Chinesen sind daran gewöhnt, auf Anordnungen zu hören, erklärt mir die Cheerleader-Trainerin. Disziplin sei in China selbstverständlich und somit könne alles erreicht werden. Unter den Jublern sticht Zhou Cuiping als besonders engagiert heraus. Sie träumt davon, die Zuschauermassen im Nationalstadion anzuführen. Sie leitet in ihrem Bezirk, zwei Stunden außerhalb von Peking, ihr eigenes Jubelteam, das nicht nur am Wochenende, sondern fast täglich trainiert. Zhous Ehemann ist ihr größter Fan:»Ich bin stolz auf meine Frau. Wir haben nicht so viele Möglichkeiten, der Gesellschaft etwas zurückzugeben. Ich stimme mit meiner Frau überein: Als Bürger von Peking ist es unsere Pflicht, sich für die Olympischen Spiele zu engagieren.«

»One world one dream« – den offiziellen olympischen Slogan gibt es auch als Lied und den übt Zhou Cuiping mit ihrer Gruppe bis zum Umfallen. Sie trainiere so hart, dass sie selber konstant heiser sei. Doch trotz olympischem Geist stößt die 65-Jährige an ihre Grenzen:»Ich bin auch nur ein Mensch. Manchmal bin ich so müde und erschöpft, dass ich am liebsten aufgeben möchte. Ich habe keine Zeit mehr zu kochen. Ich bin keine gute Ehefrau mehr. Ich habe auch schon ans Aufhören gedacht, aber ich muss etwas für mein Land tun.« Frau Zhou ist den Tränen nahe.

Die Spiele des »falschen Lächelns«

Ich war entzückt darüber, in einem Land zu leben, in dem sich solche Szenen mit solcher Ernsthaftigkeit und Integrität abspielten. Doch die romantischen Gefühle hielten jeweils knapp bis zur Nudelsuppe am Mittag. In China durchlief ich fast jeden Tag einen Kulturschock. Meine tägliche emotionale Achterbahn sah etwa so aus: glücklich, amüsiert, genervt, frustriert, resigniert und wieder glücklich, bis der nächste Loop begann.

Als Privatperson konnte ich mir das leisten, als Journalistin nicht. Als Journalistin war ich vor allem eines: interessiert, fasziniert, oft auch schockiert. Kritik war selten willkommen. Viel zu oft gab es Gewalt gegen ausländische Berichterstatter. Etliche meiner Kollegen wurden tätlich angegriffen, ich selber wurde innerhalb von acht Jahren unzählige Male festgenommen und auf Polizeiposten gebracht, etliche Male beim Filmen unterbrochen und von Interviews abgehalten. Auch kam es vor, dass mich Beamte gewaltsam daran hinderten, meine Arbeit zu tun. Ich hatte nie erwartet, dass China ein einfacher Ort ist, um als Journalistin zu arbeiten.

China erwartet von seinen Medienschaffenden, dass sie nur das bringen, was das Propagandaamt erlaubt. Das steht in krassem Gegensatz zu dem, was westliche Journalisten als ihre Aufgabe betrachten: nämlich zu dokumentieren, was sie sehen und hören.

Es stimmt, dass es über China oft negative Berichterstattung gibt und dass viele der positiven Entwicklungen in China zu wenig betont werden. Aber ich glaube nicht, dass es dem internationalen Image eines Landes nützt, wenn man ausländische Journalisten daran hindert, über das zu berichten, was sich abspielt. Kurz vor den Olympischen Spielen wurden unsere Büros von den Beamten der Staatssicherheit nach sensitivem Filmmaterial durchsucht.

Ich interviewte den Künstler Ai Weiwei zum ersten Mal für einen Beitrag im Vorfeld der Olympischen Spiele. Gemeinsam mit den Schweizer Architekten Herzog & de Meuron hatte er das Olympiastadium entworfen: das markante, vielfach ausgezeichnete Nationalstadion, das liebevoll Vogelnest genannt wird. Ich erwartete, dass Ai Weiwei mir erzählen würde, wie stolz er sei auf das Wahrzeichen der Pekinger Sommerspiele. Stattdessen sagte er trocken, dass er nicht an der Einweihungszeremonie am 8. August 2008 teilnehmen würde – wegen der horrenden politischen Umstände in China. »Keine Demokratie, keine Bürgerrechte, ein Mangel an Gleichheit und Gerechtigkeit, nur Betrug und Verrat«, kritisierte der Künstler sein Heimatland. Er sei gegen Olympische Spiele, in deren Namen die Menschenrechte verletzt würden – zum Beispiel, indem Wanderarbeiter während der Spiele die Stadt verlassen müssten. Die Spiele seien wie ein »falsches Lächeln« für die

Ausländer. Kultur werde für Propagandazwecke missbraucht und die wahre Funktion von Kunst und Intellekt werde aufgegeben.

Der Künstler machte sich auch darüber lustig, dass alle neuen Gebäude mit Bedeutung in Peking von ausländischen Architekten entworfen worden sind. Den staatlichen Architekten fehle es an Sinn für Schönheit, Ästhetik und selbst einfachste Funktionalität. Das zeigten die neuen Bauprojekte, die in der Hauptstadt von Ausländern entworfen wurden. Die staatlichen Architekten hätten nichts geschaffen, auf das sie stolz sein könnten. Ich war erstaunt, wie kritisch Ai Weiwei war. Der Künstler schien damals jedoch noch unantastbar.

Nicht so Yu Jie, ein anderer regimekritischer Intellektueller. Yu Jie, Bestsellerautor von über dreißig Büchern, gilt als einer der prominentesten Essayisten und Demokratieverfechter in China. Die meisten seiner Bücher sind auf dem chinesischen Festland verboten, sie werden in Hongkong publiziert. Wie zum Beispiel das Buch über den damaligen Premierminister mit dem Titel: »Wen Jiabao – der beste Schauspieler Chinas«. Der Autor möchte uns nicht bei sich zu Hause treffen, sondern in einem Restaurant. »Sie sind mir gefolgt, doch sie wissen nicht, dass ich mit ausländischen Medien verabredet bin«, sagte er mit einem verschmitzten Lächeln, als wir ihn in einem Restaurant am Rande der Stadt treffen. Durch die milchige Scheibe zeigt er auf einen schwarzen Audi, der in einiger Entfernung des Restaurants geparkt hat: Männer der Staatssicherheit.

Yu Jie vergleicht die Olympischen Spiele in Peking mit den Spielen 1936 in Deutschland. »Es ist pure Propaganda, die Regierung zeigt dem Volk und der Welt: Schaut her, das haben wir alles geschaffen, wir sollten weiterregieren. Die Olympischen Spiele werden von der Regierung genutzt, um den Nationalismus zu fördern, es ist eine Machtdemonstration eines totalitären Staates.«

Yu Jie stand während der Spiele unter Beobachtung. Und Ai Weiwei kam tatsächlich nicht zur Eröffnungszeremonie. Wie er in einem Zeitungsartikel im englischen »Guardian« erklärte, symbolisiere das Vogelnest den fairen Wettbewerb und damit die Möglichkeit zur Freiheit, die jedoch Fairness, Mut und Stärke benötige. Dementsprechend habe er beschlossen, nicht an der Eröffnungsfeier teilzunehmen und so von seinem Recht auf freie Wahl Gebrauch zu machen.

Chinas neues Selbstbewusstsein

Mit den Olympischen Spielen im Sommer 2008 fing Peking an sich wie eine Weltmacht zu benehmen, und das ständig präsente Gefühl des Nationalismus nahm nochmals zu. China holte die meisten Goldmedaillen, die Fans und Touristen waren mehrheitlich chinesisch. Die Regierung schien die Olympischen Spiele als Besiegelung für Chinas Aufstieg zur modernen Weltmacht zu inszenieren.

Die Eröffnungsfeier war eine gigantische Selbstdarstellung, mit der die Kommunistische Partei sich vor der Welt in Szene setzte und den Machtanspruch gegenüber dem eigenen Volk legitimieren wollte. Die Feier markierte den vorläufigen Höhepunkt der eindrucksvollen Entwicklung des Landes, die dreißig Jahre zuvor mit der wirtschaftlichen Öffnung Chinas gegenüber dem Westen begonnen hatte. Achtzig Staats- und Regierungschefs reisten nach Peking, noch nie zuvor hatten so viele Machthaber aus aller Welt an einer olympischen Eröffnungsfeier teilgenommen. Einige Monate zuvor war noch von Boykott die Rede gewesen, der Westen zeigte sich empört über die Niederschlagung der Aufstände in Tibet. Kurz vor seinem Besuch in Peking, kritisierte der amerikanische Präsident George W. Bush die Verletzung der Menschenrechte scharf. Auch der französische Präsident Nicolas Sarkozy wollte das Thema der Menschenrechte bei seinem Treffen mit dem chinesischen Präsidenten Hu Jintao ansprechen. Der Besuch der Olympischen Spiele gleiche einem Handschlag mit Hitler, warf der EU-Parlamentarier Daniel Cohn-Bendit dem französischen Präsidenten vor.

»War es etwa richtig, 1936 in Berlin Hitler die Hand zu schütteln? China ist ein totalitäres Regime«, sagte der Politiker. Die deutsche Bundeskanzlerin Angela Merkel blieb der Eröffnungsfeier der Olympischen Spiele fern.

Als »Spiele der Superlative« gingen die Olympischen Sommerspiele von Peking 2008 in die Geschichte ein: Die Eröffnungs- und Abschlussfeiern waren spektakulär inszeniert. Die olympische Idee, die auch den Menschenrechten verpflichtet ist, wurde in Peking aber infrage gestellt. Inhaftierte Regimekritiker, plattgewalzte Wohnviertel, ausgebeutete Bauarbeiter und die Medienzensur wurden vom Westen angeprangert. Mit der weitläufigen Kritik an China vor und während der Olympischen Spiele wurde jedoch nichts gewonnen, ganz im Gegenteil. Die Chinesen reagieren mittlerweile allergisch darauf, wenn der Westen mit seinem universellen Anspruch zum Rundumschlag ausholt. Die Olympischen Spiele in Peking zeigten, dass China nicht mehr gewillt ist, die globale Vormachtstellung des Westens einfach hinzunehmen. Und es wurde klar, dass das Reibungs- und Konfliktpotenzial zwischen dem Westen und China zunehmen würde. Die Zeiten, in denen der Westen die internationalen Spielregeln definieren konnte, schienen vorbei zu sein.

Im September 2008 brachen dann amerikanische und europäische Banken zusammen. Die Finanzkrise veranlasste mehrere westliche Staaten, mit riesigen staatlichen Fremd- und Eigenkapitalspritzen Banken und Unternehmen zu retten, wobei sie selber in Schwierigkeiten gerieten. Die USA sind hoch verschuldet, und in Europa sieht es nicht viel besser aus. Und wer soll helfen? China.

China – die neue Supermacht?

»Es liegt in Chinas Absicht, erst die Nummer eins in Asien zu werden und dann die größte Macht der Welt.«

Lee Kuan Yew, langjähriger Premierminister Singapurs
und Berater der chinesischen Führer

»Nachdem sich jetzt Bürger und Staaten auf der ganzen Welt des Einflusses bewusst werden, den China mit seinen gut gefüllten Taschen kaufen kann, stellt sich die Frage, ob eine starke antichinesische Gegenreaktion unausweichlich ist. Oder hat die Finanzkrise in manchen Ländern so tiefe Wunden geschlagen, dass es ihnen egal ist, von wem sie in Zukunft leben?«

Yuriko Koike, ehemalige japanische Verteidigungsministerin
und nationale Sicherheitsberaterin

Es ist der Winter 2008 – auch in China spürt man die Folgen der globalen Finanzkrise, wenn auch nicht so stark wie im Rest der Welt. Die chinesischen Firmen sind zwar nicht wie die westlichen auf Aktienkapital angewiesen, um ihre Geschäfte zu finanzieren, doch Chinas Realwirtschaft ist stark betroffen. Chinas Exporte machen rund 40 Prozent des Bruttoinlandsproduktes aus. Als die Nachfrage aus Amerika und Europa nach Produkten made in China nachlässt und die Aufträge aus dem Westen ausbleiben, müssen 67 000 Fabriken im Land schließen.

Es ist im Süden des Landes, wo die Auswirkungen der Krise zuerst sichtbar werden. Im Perlfluss-Delta, der Werkbank der Welt, werden Exportgüter hergestellt. Ich fahre in der Industriestadt Dongguang an verlassenen Fabrikgeländen und leeren Produktionshallen vorbei. Ich bin verabredet mit Miao Liqiang, einem jungen Unternehmer, der alles auf eine Karte gesetzt und damit Erfolg gehabt hat. Doch auch er spürt die Krise, die Werkbänke in seiner Fabrik stehen leer. Miao kann nur dreißig seiner zweihundert Arbeiter behalten, die Schmuck für den Export nach Europa und Amerika herstellen. Umgerechnet 100 000 Franken hatte er pro Monat umgesetzt, jetzt sind es noch 7000. »Die Situation wird sich in den nächsten Jahren kaum verbessern, mit Export lässt sich kein Geschäft mehr machen. Ich werde versuchen, meine Produkte auf dem lokalen Markt zu verkaufen.« Miao Liqiang hat mit einer kleinen Belegschaft und einem kleinen Absatzvolumen diese Möglichkeit, größere Exporteure haben sie kaum. Die Textilfabriken mit ihren hauchdünnen Margen taumeln, und besonders hart trifft es die Spielzeugfabriken.

Vor der Smart Union, einem der größten Importeure in Dongguang, starrt der ausgerenkte Kopf einer Puppe mit gläsernem Blick durch das Fabriktor, leere Schachteln liegen verstreut auf dem Hof. Der Spielzeughersteller, der Kinderträume in Amerika und Europa wahr werden lässt, ist über Nacht in Liquidation gegangen und hat damit 7000 Arbeiter in einen Schock versetzt. »Wir gingen wie jeden Tag zur Arbeit, aber die Türen waren geschlossen. Tausende von uns suchen jetzt Arbeit, wir laufen jeden Tag herum, von Fabrik zu Fabrik, doch Arbeit gibt es keine mehr«, sagt eine Arbeiterin, die sieben Jahre lang in einem Raum voller giftiger Dämpfe Puppen-Plastikteile angemalt hat.

»Wir werden wie aussortierte Ware behandelt«

Die wenigsten im Westen haben wohl je von Dongguang in der Provinz Guangdong gehört, aber die Wahrscheinlichkeit ist groß, dass ihre Schuhe, ihr Fernseher und die Spielsachen ihrer Kinder aus Dongguang kommen. Allein durch Exporte ist eine Stadt mit 14 Millionen Menschen entstanden, fast ausschließlich Wanderarbeitern aus den armen Provinzen im Landesinneren. Das durchschnittliche Wirtschaftswachstum der Stadt betrug 15 Prozent, dann kam die Finanzkrise und somit der Todesstoß für viele Exporteure, die ohnehin mit steigenden Kosten und einer stärkeren Währung zu kämpfen hatten. Es ist absehbar, dass sich die zweistellige Wachstumsrate nicht halten kann.

In der südchinesischen Provinz Guangdong kommt es zu ersten gewaltsamen Protesten. Vor einer Schuhfabrik formieren sich die Angestellten zu einer Demonstration. Die Fabrik ging pleite, die Arbeiter wurden fristlos entlassen, und der Fabrikbesitzer, der ihnen die Monatslöhne schuldet, ist spurlos verschwunden. Die Arbeiter haben weder Geld noch eine Arbeitslosenversicherung. Tausende randalieren vor der geschlossenen Fabrik und versuchen die Pforten einzudrücken. »Wir wollen unseren Lohn«, skandieren die jungen Männer und Frauen aufgebracht, sie tragen noch immer ihre hellblauen Arbeitsuniformen. »Ich habe fünf Jahre lang in dieser Fabrik für wenig Geld geschuftet. Ich habe meinen Lohn hart verdient, er steht mir zu. Man kann uns nicht einfach so entlassen, uns wie aussortierte Ware behandeln. Die Regierung muss eingreifen, immer mehr von uns stehen auf der Straße.«

Fast wöchentlich kommt es in der südlichen Provinz Guangdong, in Chinas industriellem Kernland, zu Schließungen, Entlassungen und Protesten. Die Massenarbeitslosigkeit und die Rückkehr von Millionen von Wanderarbeitern in ihre ländlichen Provinzen wird zum Pulverfass, denn in ihren Dörfern warten auf sie nur Langeweile und Armut. 130 Millionen billige Arbeitskräfte waren in die Städte gekommen, um mit ihrem unter härtesten Bedingungen erzielten Lohn ganze Familien im Landesinneren zu ernähren. 20 Millionen verloren als Folge der Finanzkrise ihren Job. Chen Xiwen, stellvertretender Direktor des führenden Gremiums für ländliche Entwicklung, bezeichnete die Entlassungen als »Faktor, der die sozialen Unruhen beschleunigt und die gesellschaftliche

Stabilität gefährdet«. Peking verspricht, neun Millionen neue Arbeitsplätze in den Städten zu schaffen.

Die Amerikaner hängen am Tropf der Chinesen

Der Rückgang der globalen Nachfrage macht China immer stärker zu schaffen, der Export bricht weiter ein. Auch die größten Firmen im Land stellen bedeutend weniger neue Arbeitskräfte ein. Auf dem größten Stellenmarkt in Peking suchen nur noch 40 Firmen nach Leuten, vor der globalen Finanzkrise waren es mehrere Hundert. 80 Prozent der Arbeitssuchenden sind Hochschulabsolventen. Für die junge Elite ist es eine neue Situation. »Vor der Finanzkrise kamen unzählige Firmen zu uns auf den Universitätscampus, um die besten Leute zu rekrutieren. Dieses Jahr kommen zwei Drittel weniger als sonst, und für Mädchen ist es noch schwieriger, etwas zu finden«, klagt Zheng Cheng, die Computerwissenschaften studiert hat. Über fünf Millionen Chinesinnen und Chinesen haben im Sommer 2009 ihr Studium abgeschlossen und suchen Arbeit. Vom letzten Jahrgang sind noch immer zwei Millionen Hochschulabsolventen arbeitslos.

Chinas Regierung bringt ein umfassendes Konjunkturpaket von fast 600 Milliarden Dollar auf den Weg, um Arbeitsplätze zu schaffen, die Binnennachfrage anzukurbeln, Sozialleistungen zu fördern und die Infrastruktur auszubauen, unter anderem Straßen, Eisenbahnlinien und Flughäfen.

Die Staatsbanken werden angewiesen, Kredite zu vergeben, und die Provinzen werden ermutigt, auf Pump gewaltige Infrastrukturprojekte zu stemmen. So entstehen Chinas berühmte Geisterstädte. In der inneren Mongolei wurde zum Beispiel die Stadt Ordos für zwei Millionen Menschen gebaut, nur wohnt da keiner. In Ordos geht es um Wachstum. Die Stadt ist eine Regierungsidee. Die Motivation heißt Bruttoinlandsprodukt und das will die Regierung hochhalten. Je mehr China ausgibt und baut, desto höher wird das BIP. So lautet die Antwort der Regierung auf die Finanzkrise.

Patrick Chovanec, ein amerikanischer Finanzwissenschaftler, der lange in China tätig war, erklärt es so: »Chinesische Bürgermeister werden dafür belohnt, wenn sie ein hohes Bruttoinlandsprodukt produzieren. Nach Ausbruch der Finanzkrise war das besonders wichtig. Die Zentralregierung wies die Provinzen an, 8 Prozent Wachstum zu erreichen, denn das ist die Marke, die in China Vollbeschäftigung garantieren soll. Kein Bürgermeister will der Regierung also melden, dass er keine 8 Prozent Wachstum erreicht hat. Das wäre ein Karrierekiller.« Chinas Wachstum wird also künstlich hochgehalten.

Während Amerika und Europa mit einer abflauenden Konjunktur kämpfen, ist China daran, seine Wirtschaft aus der Krise zu ziehen. 2009 überholt China Deutschland und wird Exportweltmeister. China ist der »Gewinner« der globalen Finanzkrise.

Ein Ereignis, das dies verdeutlicht, ist der erste Besuch der damaligen amerikanischen Außenministerin Hillary Clinton in Peking im Februar 2009. Clinton hatte bereits vor ihrer Ankunft angedeutet, dass Wirtschaftsthemen eine größere Bedeutung haben würden als die Menschenrechte. An der gemeinsamen Pressekonferenz mit ihrem damaligen Amtskollegen Yang Jiechi bittet die US-Außenministerin China darum, weiterhin Vertrauen in amerikanische Staatsanleihen zu haben und in solche zu investieren.

China kauft mit den Einnahmen aus den Exporten in die USA amerikanische Staatsanleihen und leiht Amerika so Geld, damit dort noch mehr chinesische Produkte gekauft werden. Das Handelsdefizit der USA gegenüber China vergrößerte sich stetig. Doch mit der Finanzkrise konsumieren die Amerikaner weniger, was China schmerzlich spürt. Die Symbiose der beiden Wirtschaftsmächte gerät ins Wanken. Die USA, die auf riesigen Schuldenbergen sitzen und von zwei Kriegen finanziell gebeutelt sind, hängen an Chinas Tropf.

China auf Shoppingtour

China dagegen sitzt auf über 2 Billionen Dollar Devisenreserven, die es nutzt, um seine Interessen in der Welt voranzutreiben. Mit vollen Staatskassen will es die Folgen der Finanzkrise für eine umfassende Einkaufstour im Ausland nutzen. Die Währungsreserven verleihen Peking große Kaufkraft im Ausland und somit auch zunehmend politischen Einfluss. China stärkt vor allem seine eigene Position, die Auswirkungen seiner Aktionen auf das internationale Finanzsystem scheinen zweitrangig zu sein. »Wir sollten die Öffnung unserer Unternehmen vorantreiben und dafür unsere Devisen nutzen«, sagt der damalige Premier Wen Jiabao laut »Financial Times« vor Diplomaten. Die Regierung treibt die heimischen Firmen, darunter große staatliche Konzerne wie Petrochina, China Telecom und Bank of China, schon länger dazu, stärker im Ausland zu investieren und sich nach Unternehmensübernahmen und Beteiligungen umzuschauen. Peking hilft bei der Expansion mit Steuervergünstigungen und Billigkrediten.

China ist auf Schnäppchenjagd: Ausländische Unternehmen, Firmenanteile, aber auch Eisen und Öl werden eingekauft, denn Chinas Rohstoffhunger ist unersättlich und der Einstieg ist günstig, da die Preise im Keller sind. China investiert 30 Millionen Dollar in australische Rohstoffunternehmen, vergibt einen Kredit über 25 Millionen Dollar an staatliche russische Ölgesellschaften und die erste Auslandsreise im Jahre 2009 führt den damaligen Präsidenten Hu Jintao nach Saudi-Arabien, zum größten Öllieferanten der Welt und traditionsgemäß einem Verbündeten der USA. Gleichzeitig versichert in Venezuela Präsident Hugo Chavez dem chinesischen Präsidenten, es habe genug Öl für die nächsten 200 Jahre und in Brasilien löst China die USA als wichtigster Handelspartner ab. In Afrika vergibt China Kredite und Entwicklungsgelder in Milliardenhöhe und im Gegenzug erhalten chinesische Firmen Zugriff auf Rohstoffvorkommen, vor allem Öl und Mineralien.

China muss sich Bodenschätze sichern, damit die Wirtschaft weiter boomt und keine sozialen Unruhen ausbrechen. Neben Öl, Gas, Kupfer, Zink, Eisenerz und Holz bringen die Schiffe, die im Hafen von Tjainjing ununterbrochen einlaufen, immer öfter auch Agrarprodukte, die China im Ausland anpflanzt.

China besitzt unter anderem Ackerflächen in Simbabwe, Kasachstan, Mosambik und Laos. In Afrika und Südostasien baut China Elektrizitätsanlagen, Straßen und Zuglinien. Die Infrastruktur soll in diesen Ländern die Wirtschaftsentwicklung ankurbeln und China die Loyalität der Regierungen kaufen.

China geht meist bedenkenlos Allianzen ein. Die Weltbank gab Kambodscha 600 Millionen Dollar, doch dieses Geld war an Bedingungen geknüpft. Es sollte unter anderem zur Bekämpfung der Korruption eingesetzt werden, die Weltbank verlangte Transparenz. Dann gab China Kambodscha 600 Millionen – bedingungslos. Das sind die echten Freunde, sagte die kambodschanische Regierung und kurz darauf erhielten chinesische Staatsfirmen kambodschanische Rodungs- und Schürfungskonzessionen.

China gibt auch dann Geld, wenn der Internationale Währungsfonds oder die Weltbank Kredite verweigern. Das zeigt der Öl-Deal mit Angola. Die angolanische Regierung weigert sich, die Auflagen des Internationalen Währungsfonds nach mehr Transparenz zu erfüllen. Als der Währungsfonds den Kredit verweigert, springt China ein mit Milliardenkrediten zu niedrigen Zinsen und Investitionen in die Infrastruktur. Angola ersetzt Saudi-Arabien als Chinas größter Öllieferant. Doch die Bevölkerung fühlt sich ausgegrenzt, denn China knüpft die Kredite an die Bedingung, dass über die Hälfte der öffentlichen Aufträge an chinesische Firmen vergeben werden, die vorwiegend chinesische Arbeiter beschäftigen. Immer öfter kommt es zu gewaltsamen Angriffen auf Chinesen.

In Sambia demonstrierten Arbeiter vor einem Bergwerk, das einer chinesischen Firma gehört. Chinesische Aufseher feuerten in die Menge, zehn Menschen wurden verletzt. Auch von Sambias

Regierung, eigentlich Freunde der chinesischen Investitionen, gab es Kritik. »Sambische Arbeiter werden dort wie Tiere behandelt. Niemand hat einen Arbeitsvertrag, es gibt nur Tagelöhner. Und sie erhalten Sklavenlöhne«, sagte der zuständige Minister.

China vergibt Kredite, ohne sie mit guter Regierungsführung, Transparenz, Demokratie und Menschenrechten zu verknüpfen. Das sind innere Angelegenheiten, um die sich Peking aus Prinzip nicht kümmert. Amerika und Europa zürnen, doch in der westlichen Kritik klingt auch die Sorge mit, der Konkurrenz mit China nicht standzuhalten. Peking hat das afrikanische Potenzial schon lange erkannt. Afrika entwickelt sich, die Wirtschaft erfährt einen markanten Aufschwung. Afrika ist für China einer der wichtigsten Handelspartner und wird zunehmend auch ein politischer Verbündeter.

Längst nicht alle Afrikaner profitieren vom Fortschritt und Aufschwung, den China bringt. Und doch sehen viele im chinesischen Engagement eher einen Segen als einen Fluch. So sagt der afrikanische Soziologe Elision Macamo aus Basel in einem Interview mit dem Schweizer Fernsehen: »China hat Afrika Hoffnung gegeben.« Chinas Einfluss in der Welt nimmt zu. Das zeigt sich auch in Europa.

»Warum soll China Europa finanzieren?«

China und Europa sind voneinander abhängig. Doch das Verhältnis der beiden Wirtschaftsmächte ist kein einfaches. Trotz der Fortschritte in den Handelsbeziehungen tritt Europa nicht gerne Teile seiner Macht ab. Europa ist Chinas wichtigster Handelspartner, daran hat auch die Eurokrise nichts verändert. Doch China schaut heute etwas ungeduldig auf Europa, denn Europas wirtschaftliche Probleme haben auch das chinesische Wachstum empfindlich getroffen.

Herbst 2011 – Europa ist in Not. Die südeuropäischen EU-Mitglieder haben über ihre Verhältnisse gelebt und sind in Schwierigkeiten geraten. Der Euro soll gerettet werden und dazu braucht es Geld. Nach dem Euro-Krisengipfel halten die Politiker Ausschau nach Partnern, die neben dem europäischen Rettungsfonds EFSF die Lage des Euro stabilisieren könnten. Im Kampf gegen die Schuldenkrise soll das finanzstarke China eingebunden werden. Klaus Regling, der Chef des europäischen Rettungsfonds, reist nach China, um sich anzuhören, welche Forderungen chinesische Investoren stellen. Nach den Gesprächen in der Hauptstadt sagt der EFSF-Chef: »Aus meinen Erfahrungen mit den chinesischen Behörden weiß ich, dass sie interessiert sind an attraktiven, soliden und sicheren Investitionsmöglichkeiten. Europäische Staatsanleihen wurden in der Vergangenheit als solche betrachtet. Darum bin ich auch jetzt optimistisch. China könnte sich möglicherweise am Euro-Rettungsschirm beteiligen.« Es sieht aus, als habe Regling von der chinesischen Führung nur Unverbindliches zu hören bekommen und sei mit leeren Händen zurückgekehrt. China hat Europa mit deutlichen Worten ermahnt. Worte, welche die chinesische Führung so noch nicht gebraucht hätte vor einigen Jahren. Peking macht klar, dass es von der EU aktive Schritte gegen die Schuldenkrise erwartet, um Unsicherheiten auf den Weltmärkten vorzubeugen.

China hat großes Interesse an der Stabilisierung der Eurozone, denn Europa ist Chinas wichtigster Exportmarkt und ein Viertel der Devisenreserven des Landes sind in Euro angelegt, doch der maßlose Aufkauf europäischer Staatsanleihen ist in China umstritten. »China wird nicht einfach Retter von Europa spielen. Wir kalkulieren genau, wie wir unseren Einfluss vergrößern wollen«, sagt eine Finanzexpertin in Peking. Mit dem Kauf von europäischen Staatsanleihen würde China zwei Ziele umsetzen: Es vermindert seine Abhängigkeit von Schwankungen des Dollars und es stärkt Chinas Einflussmöglichkeiten auf die europäische Politik. In Europa sieht man die Kundenfinanzierung als Hauptmotivation. China wolle verhindern, dass sein größter Exportmarkt zusammenbreche, denn er sei wichtiger Bestandteil des chinesischen Wachstumsmodells.

Im November 2011 ist die Eurokrise Hauptthema beim G20-Gipfel in Cannes, dem Treffen der Staatschefs der zwanzig wichtigsten Industrie- und Schwellenländer. Und selbst in einem Pekinger Arbeiterquartier – um Welten getrennt von der Côte d'Azur – löst die Euro-Schuldenkrise Emotionen aus. »Warum soll China Europa finanzieren? Damit die Europäer noch weniger arbeiten? Die bekommen doch höheres Arbeitslosengeld, als wir hier Löhne haben«, sagt ein aufgebrachter Arbeiter, der mit seinen Kollegen bei klirrender Kälte an einem kleinen Klapptisch Karten spielt. Ein anderer setzt nach: »Warum sollen wir für die reichen Europäer bezahlen? Damit sie früher in Rente gehen können, während wir in China nicht einmal ein Rentensystem haben?« Huang Wei, Wirtschaftsexpertin am Institut für Gesellschaftswissenschaften in Peking, fasst es so zusammen: »China wird abwarten, denn es hat noch keinen konkreten Rettungsplan von Europa gesehen. China will eine sichere Investition und eine Rendite. Sonst läuft nichts.«

Bekannt ist, dass China in der Folgezeit Eurobonds kaufte, aber nicht in dem Umfang, den die Europäer erhofft hatten. Wang Hongzhang, der Präsident der China Construction Bank – Chinas zweitgrößter Bank – schaut sich lieber nach einer Beteiligung oder einer Übernahme um. »Einige Banken in Europa stehen zum Verkauf. Wir schauen uns nach dem geeigneten Ziel um«, sagt Wang der »Financial Times«.

China investiert in Europa nach nüchternen, kommerziellen Gesichtspunkten und verfolgt klare, strategische Ziele. Es baut seine Direktinvestitionen und den Einfluss seiner Staatskonzerne aus. Der Ausbau des Hafens von Piräus – einem der verkehrsreichsten Häfen der Welt – ist eines der offensichtlichsten Beispiele für Chinas strategische Investitionen. Seit der chinesische Staatskonzern Cosco (China Ocean Shipping Company) einen Teil der griechischen Hafenanlage für fast 700 Millionen Dollar gepachtet hat, geht es auf der chinesischen Seite des Hafens aufwärts: Neue Kunden konnten gewonnen werden und das Frachtvolumen hat sich verdreifacht. Cosco fährt einen radikalen

Sparkurs. Die Chinesen senkten die Löhne, verringerten den Einfluss der Gewerkschaften und arbeiten sieben Tage die Woche, 24 Stunden am Tag. Die Gewerkschaften werfen den Chinesen vor, beim Arbeiterschutz zu sparen. Die Chinesen verweisen pragmatisch auf den neuen Boom. China hielt sein Versprechen, die Kooperation mit Griechenland zu verstärken. Das geschwächte Land nahm die Hilfe gerne entgegen, doch von dieser Form der Unterstützung wird China längerfristig wahrscheinlich mehr profitieren. Die staatliche chinesische Zeitung »China Daily« bezeichnet Griechenland als Chinas Tor zu Europa.

Allein im Jahr 2012 stecken chinesische Unternehmen über 12 Milliarden Dollar in Übernahmen europäischer Firmen und Beteiligungen. Wie bei den Rohstoffen ist China auf Schnäppchenjagd. Die Kapitalgeber betrachten Europas Schwäche als Einstiegsgelegenheit. Sie suchen Technologie, Know-how und hochwertige Marken in Bereichen wie der Computer- und Automobilbranche, dem Maschinenbau, Umwelt und Gesundheit. Über 90 Prozent der Investitionen kommen von Staatsbetrieben und sind Teil einer langfristigen Strategie. Mit dem wachsenden Einfluss könnte Peking auch die Aufhebung von Handelsrestriktionen erwirken.

Zweckehe statt Liebesbeziehung

Beim EU-China-Gipfel 2012 in Brüssel forderte Chinas damaliger Premierminister Wen Jiabao, das Waffenembargo der Europäischen Union gegen sein Land zu beenden und China als Marktwirtschaft anzuerkennen. Doch für eine Aufhebung des Waffenembargos will die EU erst politische Zugeständnisse sehen, wie etwa die Freilassung der Verhafteten von 1989. Für eine vorzeitige Gewährung des Marktwirtschaftsstatus – China wird diesen 2016 sowieso erhalten – solle die EU von China Zugeständnisse verlangen, schrieb der damalige deutsche Bundesaußenminister Guido Westerwelle in einem Grundsatzpapier: »Die

EU will ihren Wohlstand wahren, daher müssen für China dieselben internationalen Wirtschaftsstandards gelten und von China auch respektiert werden.«

Die EU fordert von China den Schutz des geistigen Eigentums, das Ende der staatlichen Exportförderung und besseren Marktzugang für europäische Firmen. China stellt jedoch auch Forderungen. Der chinesische Premierminister erinnerte gleich am Anfang des Gipfels daran, wie sehr die EU von China profitiere. »Europäische Firmen fahren in China große Gewinne ein mit ihren Investitionen.«

Trotz intensiver Handelsbeziehungen ist das Verhältnis zwischen den beiden Wirtschaftsmächten eine Zweckehe und keine Liebesbeziehung. Zwar sind in Zeiten der Eurokrise mehr Wirtschaftsbeziehungen willkommen, doch viele Europäer sind skeptisch gegenüber Chinas verstärktem Engagement in Europa. Chinas wachsender Einfluss schürt auch Ängste.

Die wirtschaftlichen Verflechtungen zwischen China und Europa sind vielfältig und kompliziert. Wie stark wird China unsere Entwicklung und Richtung mitbestimmen? China scheint seine Devisenreserven vor allem dafür zu verwenden, seine geopolitische Strategie voranzutreiben. China hat nie vorgegeben, selbstloser Retter in der Not zu sein. Nur hat die Welt das Tempo des chinesischen Aufstiegs unterschätzt. »Nachdem sich jetzt Bürger und Staaten auf der ganzen Welt des Einflusses bewusst werden, den China mit seinen gut gefüllten Taschen kaufen kann, stellt sich die Frage, ob eine starke antichinesische Gegenreaktion unausweichlich ist. Oder hat die Finanzkrise manchen Ländern so tiefe Wunden geschlagen, dass es ihnen egal ist, von wem sie in Zukunft leben?«, fragt Yuriko Koike, die ehemalige japanische Verteidigungsministerin und nationale Sicherheitsberaterin.

Das Machtgefüge hat sich verschoben. Chinas Einfluss in der Welt hat ein Ausmaß angenommen, das vor einigen Jahren noch undenkbar gewesen wäre. Die globale Finanzkrise, von der sich China am schnellsten erholte, hat dessen Aufstieg in der Welt beschleunigt, ein Aufstieg, der die Weltwirtschaft in jedem Bereich verändern könnte. Von der Konjunktur in China hängt heute auch das Wachstum in der EU und in den USA ab. Wir müssen mit China zusammenarbeiten. Das Ziel muss es sein, gemeinsam aufzusteigen.

China ist nicht nur zu einem bestimmenden Faktor der Weltwirtschaft geworden, sondern auch politisch und militärisch zu einem globalen Akteur. China wird das Weltgeschehen zunehmend mitbestimmen, und dies wird auch Auswirkungen auf den Westen haben. Der Westen muss wohl politische und wirtschaftliche Macht abgeben.

Für China selber stellt sich die Frage nach Macht und Einfluss. Welche Rolle wird es in der Welt übernehmen? China bezeichnet sich gerne als Entwicklungsland. Die UNO definiert es als Schwellenland, Ökonomen zählen China zu den BRICS-Staaten. Von der internationalen Gemeinschaft wird China als Großmacht und immer öfter als Weltmacht bezeichnet.

Welche Nation schlussendlich das Rennen um den Titel der Supermacht machen wird, ob die USA oder China, darüber scheiden sich die Geister. Der amerikanische Ökonom Tyler Cowen, der sonst nicht mit Kritik an den USA spart, sagt in einem Interview mit der deutschen Zeitschrift »Die Welt«: »China hat bereits die meisten Einwohner, und vermutlich wird das BIP des Landes irgendwann auch das der USA übersteigen. Aber als Supermacht wird China die USA nicht überholen. Für die nächsten zwanzig, dreißig Jahre bleiben die USA der dominierende Spieler, auch dank ihrer weit verbreiteten Sprache und des Lebensstils, ihres großen Netzes an Verbündeten und ihrer freiheitlichen Verfassung. Der American Way of Life wird weiterhin Menschen aus aller Welt anziehen und Amerikas Zukunft sichern. China ist geschickt darin, gute Ideen zu kopieren, aber schlecht darin, kreativ eigene Lösungen zu finden. Und in einem Umfeld, in dem die Bürger ihrer Regierung misstrauen, ist es schwer, Kreativität zu fördern. Die USA werden deshalb weiterhin die Nummer eins sein.«

Ist China die neue Supermacht?

Das Modell China steht dem westlichen Modell auf der Weltbühne gegenüber. In China sorgt eine autoritäre Regierung für den wirtschaftlichen Erfolg. Das Wohl des Staates und die Stabilität der Gesellschaft sind wichtiger als individuelle Freiheiten und Demokratie, die dem westlichen System zugrunde liegen. Immer selbstbewusster vertritt China seine Weltanschauung. Das zeigt sich auch in der internationalen Medienpräsenz, die China vorantreibt. Überall sind heute chinesische Printmedien vertreten. CCTV, das chinesische Staatsfernsehen, betreibt einen englischsprachigen TV-Sender und sendet darüber hinaus auch in verschiedenen anderen Sprachen. Das Newsprogramm unterstreicht in der Themenauswahl und Berichterstattung die chinesische Weltsicht.

Sein Modell bringt China auch in internationalen Organisationen ein. Im UNO-Sicherheitsrat lehnte China gemeinsam mit Russland Sanktionen gegen die syrische Regierung im Zuge der arabischen Revolution ab (März und Oktober 2011). Im Menschenrechtsrat präsentierte China eine Erklärung von 32 Staaten zu den öffentlichen Protesten während der arabischen Revolution. Die Erklärung unterstreicht die Pflicht der Regierungen, die öffentliche Ordnung und die soziale Stabilität aufrechtzuerhalten, und dazu »Maßnahmen« zu ergreifen (September 2011). China stellt sein System neben das westliche System.

Der Begriff Weltmacht bezeichnet – im Unterschied zum Begriff Großmacht – einen Staat, der auf weltpolitischer Ebene einen wesentlichen Einfluss ausübt. Doch die westliche Welt steht dem chinesischen Modell mit einer autokratischen Staatsführung misstrauisch gegenüber. Es ist ein Modell, das sich auf politischer Ebene nicht durchsetzen wird. Es geht daher um eine bipolare Weltordnung.

Der Vizerektor der Parteiakademie der KP Chinas, Zheng Bijian, hat im Jahr 2005 den Begriff des »friedlichen Aufstiegs« geprägt, offensichtlich um den Westen zu beruhigen. Chinas

Aufstieg zu einer Weltmacht werde sich friedlich und über den Weg der wirtschaftlichen und sozialen Entwicklung vollziehen, schreibt Zheng in der amerikanischen Zeitschrift »Foreign Affairs«: »China strebt nicht nach Hegemonie und will nicht die Welt beherrschen. Es befürwortet hingegen eine neue politische und wirtschaftliche Ordnung in der Welt, die durch schrittweise Reformen und eine Demokratisierung der internationalen Beziehungen erreicht werden kann.«

China hat eine klare Strategie entwickelt, um seinen ökonomischen, politischen und militärischen Aufstieg vorwärtszutreiben: durch die weltweite Sicherung von Ressourcen, Rohstoffquellen und Hightech-Patenten, die Entwicklung von technologischen Kapazitäten, die außenpolitische Absicherung und Schaffung von Allianzen und die stetige Aufrüstung und Ausweitung des militärischen Einsatzgebietes.

Dieses Agieren im Hintergrund und Auf-Zeit-Spielen hat der Reformer Deng Xiaoping bereits Anfang der 1990er-Jahre als Chinas Strategie beschrieben: »Ruhig die Lage beobachten, die eigene Position absichern, in aller Ruhe agieren, sich nicht ins Licht stellen, vielmehr im Dunkeln bleiben, den eigenen Vorteil sichern, sich nicht in den Vordergrund drängen, Fortschritte erzielen.«

Bei seinem Aufstieg ist China nicht in Eile. Wirtschaftlich sind die USA längst überrundet, und für alles andere lässt China sich Zeit. »Es liegt in Chinas Absicht, erst die Nummer eins in Asien und dann größte Macht der Welt zu werden«, sagte Lee Kuan Yew, der langjährige Premierminister Singapurs im Jahre 2011. Zwei Jahre später betonte Lee Kuan Yew, der auch Berater der chinesischen Regierung war, gegenüber der Website foreignpolicy.com, dass China als Weltmacht nach seinen eigenen Regeln spielen werde. Es wird sich zeigen, ob China das System nur für seine Zwecke nutzt oder wirklich eine globale Führungsrolle übernehmen will und wird.

Für China spricht, dass das Land im Gegensatz zu den USA in den letzten Jahrhunderten keine großen Kriege geführt hat und sich selten einmischt. Aber Chinas autoritäres Regime löst im Westen Unbehagen aus. Der Westen fordert Entwicklung und Frieden unter einer demokratischen Regierungsform. China will soziale Stabilität und Wachstum, die Regierungsform ist dabei zweitrangig.

China hat die Menschen, die Ressourcen, das Geld und bald auch das Wissen, eine Supermacht zu werden. Die größten Herausforderungen auf dem Weg an die Weltspitze stellen sich China im Land selber.

Im Land, das sich selber vergiftet

»Dieses Land ist außer Kontrolle. Niemand weiß, wie sie das wieder in den Griff kriegen wollen.«

Kohlegrube-Arbeiter, Provinz Shanxi

»Chinas Umweltverschmutzung wird zum Flaschenhals für das chinesische Wachstum.«

Pan Yue, Vizeminister, staatliches Umweltministerium

Es war eine Reise, die ich nie vergessen werde. Meine Produzentin Lisha nannte unseren epischen Roadtrip durch die Provinzen Anhui, Henan und Shanxi einen »Trip through hell«. Ich machte diese Reise, weil ich mit eigenen Augen sehen wollte, welche Folgen Chinas zweistelliges Wirtschaftswachstum für die Menschen und die Natur hat. Die ökologischen Schattenseiten des Aufschwungs sind gigantisch. Zur Ausbeutung durch die westliche Konsumgesellschaft seit der Industrialisierung kommen nun auch noch Chinas Umweltsünden dazu.

Wir fliegen nach Hefei, der Hauptstadt der Provinz Anhui, einer ostchinesischen Binnenprovinz, die lange als rückständig galt im Vergleich zu den reichen Küsten. Heute ist Anhui bekannt als Herkunftsprovinz vieler Wanderarbeiter, in der Vergangenheit wegen seiner Bauernaufstände.

Im Norden von Anhui fließt der mächtige Huai He. Hier beginnt meine Reise entlang der siebtgrößten Wasserstraße Chinas. Der 1078 Kilometer lange Fluss windet sich von der Provinz Henan, wo er im Tongbai-Gebirge entspringt, nach Osten durch die

Provinzen Anhui und Jiangsu. Der Huai He spiegelt die Veränderungen und die Widersprüche des Wirtschaftswachstums wider. Er ist Lebensader für fast 200 Millionen Menschen, die sich mit der Tatsache arrangieren müssen, dass der Fluss heute an vielen Stellen einer giftigen Kloake gleicht.

Ich reise stromaufwärts. Am Fluss treffe ich lokale Fischerfamilien. Drei Generationen von Menschen, deren Existenz direkt vom Wasser abhängt. Ein alter Mann in einer blauen Mao-Jacke flickt sein Fischernetz, ein Netz, das immer öfter leer bleibt, wie er sagt. Die Fischer leben auf Hausbooten, doch nur noch selten fahren sie zum Fischen hinaus. Einer von ihnen nimmt mich mit auf sein Boot. Der Holzkahn hat offensichtlich schon bessere Tage gesehen, überall ist er provisorisch zusammengeflickt. Die Fenster der kleinen Kabine sind mit Plastikplanen zugeklebt, sie ist Wohn- und Schlafzimmer zugleich. Es reiche für die fünfköpfige Familie, sagt der Fischer. Was nicht mehr reiche, sei sein Einkommen. Zwei Dollar mache er an einem guten Tag, knapp genug, um zu leben, zu wenig, um seinem Sohn eine gute Ausbildung zu ermöglichen. Früher habe er davon geträumt, sein Kind an eine gute Universität zu schicken, doch das koste Geld.

Die Wasserverschmutzung hat den Fischerfamilien die Lebensgrundlage genommen. »Es gibt hier keine Fische mehr. Wenn die Fabriken ihren Dreck in den Fluss lassen, sterben alle Fische. Alle Fische sind tot, die großen und die kleinen.« Seine Mutter kommt dazu, eine kleine, stämmige Frau mit gütigem Gesicht, gegerbt von Sonne und Wind. »Wir trinken das Wasser vom Huai, aber das Wasser vom Fluss ist totes, krankes Wasser«, sagt die alte Frau, während ihr bitteres Lachen ein paar Zahnstummel entblößt. Die Menschen hier nennen den Huai Todesfluss. Sie sagen, er bringe sie um.

Ein Anwohner des Dorfes, wo die Fischerboote ankern, kommt auf uns zu. Er erkennt sofort, dass wir von der ausländischen Presse sind, und fängt an, über das verschmutzte Wasser zu schimpfen. Ich frage ihn, ob er wisse, dass die Zentralregierung Milliarden investiere, um den Fluss zu säubern, und ob er eine Verbesserung der Wasserqualität bemerkt habe.

Der Mann muss nicht lange überlegen, in seiner Stimme liegt Entrüstung: »Diese Politik ist unrealistisch. Die Zentralregierung macht Vorschriften, aber von den Lokalbehörden wird nichts umgesetzt. Wo wird das Geld der Regierung abgezweigt?« Es ist eine Frage, die ich immer wieder hören werde auf dieser Reise.

»Wo stehen die Fabriken, die den Fluss verschmutzen?«, will ich wissen. Die Anwohner raten mir, weiter stromaufwärts zu fahren, da gebe es eine Fabrik, die ihr Abwasser in den Fluss lasse. Wei Xiang, ein einheimischer Taxifahrer, bietet an, uns zu begleiten, er kenne den Ort.

Nach zwanzigminütiger Fahrt zeigt Wei Xiang aus dem Fenster. Dort drüben endet ein Rohr, dort lässt die Fabrik allen möglichen Dreck raus, sagt er. Wir gehen zu Fuß weiter und klettern einen steilen Abhang hinunter, zu den Ufern des Huai.

Beißender Gestank kommt uns entgegen. Das Abwasser einer Fleischkonservierungsfabrik fließt als weiße, gelbliche Lauge direkt in den Fluss. Zwei Meter davon entfernt hat ein Fischer seine Angel ausgeworfen, er hofft, dass das Abwasser Fische anlockt. Es ist ein surreales Bild.

Wei Xiang kommt manchmal auch in der Nacht zur Fabrik, das Abflussrohr lässt ihm keine Ruhe. Im Dunkeln fließe eine Flüssigkeit aus dem Rohr, die so ätzend rieche, dass die Augen zu tränen beginnen, erzählt der Taxifahrer. »Die lokalen Behörden haben uns den Bau einer Kläranlage versprochen. Doch damit geht es nicht richtig voran. So fließen Tonnen von Abwasser direkt in den Fluss.« Laut dem nationalen Umweltamt geraten jährlich über zwei Milliarden Tonnen Industrieabfall in den Huai. Die Folgen der rasanten Industrialisierung, woran die Menschen unsäglich leiden.

Mit dabei auf unserer Reise durch die Provinz Anhui ist ein lokaler Umweltaktivist. Er gehört zu einer Gruppe von jungen Studenten, die es sich zu ihrer Aufgabe gemacht haben, den Huai zu schützen – mit den Mitteln, die ihnen zur Verfügung stehen. Er ist ein ernsthafter junger Mann mit klugen Augen hinter dicken Brillengläsern.

Sein Gesicht dürfen wir nicht filmen, er hat Angst vor Repression. In seiner Freizeit reist er den Fluss auf und ab und sucht nach den Schmutz verursachenden Fabriken. Die Suche sei schwierig, denn viele verstecken die Abflussrohre kilometerweit unter der Erde, um keine Spuren zu hinterlassen, sagt der Student.

Er bringt uns zu einer Zellulosefabrik, deren Umweltsünden er akribisch festhält. Er hat die Abflussrohre ausfindig gemacht und die Zeiten des Abwasserausstoßes notiert. Der Aktivist warnt mich und Tomas, zum Filmen nicht zu nahe an die Fabrik zu gehen. Das Fabrikmanagement hatte ihn bereits abgefangen und ihm mit Konsequenzen gedroht, falls er weiter herumschnüffle. Mit ausländischen Journalisten wollte er auf keinen Fall gesehen werden.

In einem Kanal in der Nähe der Fabrik schwimmen tote Fische an der Wasseroberfläche. Der Umweltaktivist prüft mit einem Soforttest den Säuregehalt des Wassers, er liegt fünfmal über dem Grenzwert. Bei einer Razzia war die Zellulosefabrik geschlossen worden. Ein paar Monate später, als die Inspektoren aus Peking wieder weg waren, wurde sie wieder geöffnet.

Die Razzien wurden veranlasst von Pan Yue, dem Vizeminister der Umweltbehörde State Environmental Protection Administration (SEPA). Fabriken, die gegen die Umweltauflagen verstießen, wurden zugemacht oder zumindest mit einer hohen Geldbuße bestraft. Die Aktionen brachten jedoch nicht den gewünschten Erfolg. Pan Yue war lange eine der bedeutendsten Stimmen im Kampf gegen die Umweltverschmutzung. Er prangerte die schlimmsten Umweltsünder öffentlich an, führte ein Gesetz ein, das die Lokalbehörden verpflichtet, Messdaten zur Verschmutzung freizugeben, ermutigte Nichtregierungsorganisationen und Journalisten, ökologisches Fehlverhalten aufzudecken, und ließ milliardenteure Großprojekte wegen mangelnder Umweltverträglichkeit stoppen.

Umweltschützer wurden in ihrer Arbeit ermutigt, wie der Student, der mit mir reiste. Doch die Liste mit den Umweltsündern, die er gewissenhaft recherchierte, um sie an das Umweltamt zu schicken, kam vermutlich zu spät. Pan Yue verlor seine Autorität, um umweltschädliche Projekte blockieren zu können. Und sein Pionierprojekt, das grüne Bruttoinlandsprodukt – eine Berechnung, welche die Umweltschäden vom Wert des nominellen BIP abzieht – wurde auf Eis gelegt.

Die Krebsdörfer von Henan

Von Anhui aus reiste ich zurück nach Peking, da ich zwei Geschichten zu anderen Themen abliefern musste. Korrespondentenalltag eben. Ein paar Wochen später setzte ich meine Reise entlang des Huai He in der Provinz Henan fort. Historisch gesehen gilt die ostchinesische Provinz als Wiege der chinesischen Zivilisation. Henan war jahrtausendelang ein herrschaftliches Zentrum Chinas, drei der sechs historischen Kaiserstädte befinden sich dort. Tai Chi, Kung Fu und der Zen-Buddhismus sollen hier ihren Ursprung haben. Henan ist der Geburtsort des großen chinesischen Philosophen Laozi, des Begründers des Taoismus. Trotz dieses wertvollen Kulturerbes haben die Chinesen selber oft negative Vorurteile gegenüber der Provinz. Viele warnten mich vor meiner Reise: Die Menschen in Henan seien für ihre Hinterlist bekannt. Henan sei arm, dreckig und überbevölkert.

Die Bevölkerung von Henan hat sich in den letzten 60 Jahren mehr als verdoppelt auf über 100 Millionen. Das durchschnittliche Einkommen liegt im landesweiten Vergleich im unteren Drittel. Armut und Hoffnungslosigkeit führten dazu, dass in Henan viele der finstersten Geschichten Chinas ihren Ursprung haben: Sklavenarbeit, Geburtsdefekte, selektive Abtreibung, Umweltverschmutzung, eine Aids-Epidemie, die durch ein staatliches Bluttransfusionsprogramm ausgelöst wurde, und die Krebsdörfer.

Bereits Mitte der 1990er-Jahre haben chinesische Journalisten angefangen, einen Gürtel von Krebsdörfern im Einzugsgebiet des

Huai zu lokalisieren. Von den Tausenden von Menschen, die in der Provinz Henan entlang des Flusses leben, sind auffällig viele an Krebs erkrankt. Auf meiner Reise stromaufwärts will ich das Leben der Menschen dokumentieren, die vom Wasser des Huai abhängig sind, der zu den giftigsten Flüssen Chinas gehört.

Wir fliegen nach Zhengzhou, der Hauptstadt der Provinz. Als wir gegen Abend landen, ist der Himmel so stark mit Smog verhangen, dass ich beim Blick aus dem Fenster kaum die Landepiste erkennen kann. Henan empfängt uns seinem Ruf entsprechend. Der Fahrer, den wir von Peking aus kontaktiert haben, wartet am Flughafen. Nach einer kurzen Besprechung machen wir uns auf die Reise. Wir fahren von Zhengzhou aus nach Südosten, gut 300 Kilometer liegen vor uns.

Wir sind schon eine gute Stunde auf der Autobahn unterwegs, als der Smog sich zu einer weißen Wand verdichtet. Aus dem Autofenster ist fast nichts mehr zu erkennen, durch die Windschutzscheibe sehen wir nur schemenhaft die Autos vor uns, Straßenschilder und Leitplanken werden vollends vom Nebel verschluckt. Unser Fahrer gehört nicht zu den besten. Er benutzt weder Rückspiegel noch Blinker, wechselt plötzlich grundlos die Fahrspur, was diese Autofahrt noch unheimlicher macht. Es ist bereits elf Uhr nachts. Nach einer weiteren klammen Stunde kommt unsere Abzweigung, was wir leider zu spät realisieren. Der Fahrer hat die Ausfahrt verpasst und beginnt, auf der Autobahn rückwärts zu fahren, trotz unseres eindringlichen Bittens, das nicht zu tun. Mir schießen beunruhigende Statistiken durch den Kopf: Auf Chinas Straßen sterben jede Stunde sieben Menschen.

Aus dem Nichts tauchen die Nebellichter der riesigen Kohletrucks hinter uns auf, die in rasantem Tempo näher kommen. Sie sehen uns in letzter Minute und wechseln mit wildem Hupen die Fahrbahn, um uns nicht zu rammen. Mein leises Bitten verwandelt sich in ein lautes Brüllen: Stopp!

In diesem Moment gibt es einen Knall. Ich pralle an den Autositz vor mir. Tomas hängt im Sicherheitsgurt auf dem Beifahrer-

sitz und flucht. Auch der Fahrer flucht, er ist mit 30 Stundenkilo-
metern rückwärts in die Leitplanke geknallt, genau bei der
Abzweigung mit einem Ortsschild unseres Reiseziels. Das Auto
sieht im hinteren Teil aus wie eine Handorgel, doch es funktioniert noch und so fahren wir schweigend weiter. In der Zwischenzeit hat es zu regnen begonnen. Der kalte Nieselregen macht die
Nacht, die uns umgibt, noch unfreundlicher. Um ein Uhr früh
kommen wir in die Ortschaft, in der wir ein Hotel vermuten. Wir
sind bereits nahe am Fluss. Es regnet mittlerweile in Strömen, ein
Hotel gibt es nicht. Der Fahrer hält vor einem Haus mit roten
Lichtern, es ist zwar ein Massagesalon, doch hier befinden sich
die einzigen freien Betten im Ort. Wir sind hier weit weg von den
chinesischen Großstädten mit Hotelhallen aus Marmor und
24-Stunden-Shopping.

Lisha handelt für uns zwei Zimmer aus. Sie braucht ihre ganze
Überzeugungskraft, um der spärlich bekleideten Dame am Empfang klarzumachen, dass wir keine Massage, aber trotzdem zwei
Räume für die verbleibende Nacht mieten wollen. Ich bin auch
bereit, auf einem Massagestuhl zu schlafen, doch der Dame scheint
das suspekt. Es ist offensichtlich, dass dieser Massagesalon auch
»happy endings« anbietet. Nach dreißig Minuten einigen wir uns
darauf, dass wir für die Zimmer und für die Massage bezahlen,
ohne diese in Anspruch zu nehmen. Es ist der einzige Weg, um an
die freien Betten zu kommen.

Doch mit der Nachtruhe müssen wir noch warten. Der Kofferraum des Autos ist durch den Aufprall so stark beschädigt, dass er
sich nicht mehr öffnen lässt. Ohne Ersatzkleider hätten wir leben
können, doch Kamera, Stativ, Mikrofone, Computer – alles befindet sich im Kofferraum. Bei strömendem Regen fangen wir an, mit
einer Brechstange und bloßen Händen die Hintersitze aus dem
Auto zu reißen. Es ist die einzige Möglichkeit, um an unsere Ausrüstung zu kommen. Der Fahrer hilft mit, unglücklich über das,
was vor sich geht. Er will wegen des kaputten Autos natürlich viel
mehr Geld, das ich ihm auch gebe.

»Ich habe es dir ja gesagt – Henan eben.« Lisha kann sich diese Bemerkung nicht verkneifen. Endlich steigen wir die Treppe zu unseren Zimmern hoch. Wir öffnen die Türe zu einem düsteren Raum mit schmuddeligen altrosa Bettlaken und dreckigen gelben Tapeten. Es riecht nach abgestandenem Zigarettenrauch. Badezimmer gibt es eines pro Etage, am Empfang hat man uns gräuliche Frotteemäntel und rote Plastiklatschen in die Hand gedrückt. Diese Nacht schlafe ich in meinen Kleidern. Es ist ein kurzer, unruhiger Schlaf.

»Auch wenn wir das Wasser abkochen, bleibt ein bleierner Geschmack zurück«

Das Tageslicht enthüllt erst, in welch trostlosem Ort wir gelandet sind. Mit einem lokalen Fahrer machen wir uns auf den Weg in die Dörfer entlang des Huai: Mengzhai, Huangmengying und wie sie alle heißen. Sie sind berühmt dafür, dass die Krebsrate ihrer Bevölkerung mindestens dreimal so hoch ist wie der nationale Durchschnitt. Das Dorf Huangmengying beispielsweise hat gut 2000 Einwohner und über 160 Krebsfälle.

Bei unserer Ankunft in Huangmengying ducken wir uns auf dem Rücksitz des Autos, wir wollen kein Aufsehen erregen. Unser Fahrer versteht sofort, was vor sich geht: »Ich bringe euch an die richtigen Orte«, sagt er. Sofort fällt auf, dass viele Häuser leer stehen. Ganze Familien sind an Krebs gestorben, erfahren wir. Das Wasser habe alle krank gemacht, sagen die Dorfbewohner. Sie zeigen uns das Haus einer Erkrankten. Wir schleichen in den Innenhof, ein alter Mann öffnet die Tür. Wir sollen ins Haus kommen, es sei nicht gut, mit Journalisten gesehen zu werden, sagt er. Seine Frau musste sich vor drei Jahren einen Tumor aus dem Darm entfernen lassen. Ob die Operation genützt hat, weiß sie nicht, sie habe wieder starke Schmerzen. »Es gibt keinen Ausweg für uns, wir haben nur den Huai. Auch wenn wir das Wasser vom Fluss abkochen und den Abschaum abschöpfen, bleibt ein bleierner Geschmack zurück. Das Leben hier wird immer schlechter, ich kann mir keine weitere Behandlung leisten«, sagt sie mit schwacher Stimme.

Wir besuchen die Dorfklinik. Der Arzt, der ursprünglich chinesische Journalisten auf das Sterben in seinem Dorf aufmerksam gemacht hat, sagt, er könne nicht mit uns reden, die Lokalbehörden hätten ihn gewarnt. In der Dorfklinik fehlt es an allem: an Fachpersonal, an Medikamenten, an Geräten. Die Klinik hat zwei Räume, ein Sprechzimmer mit einem Schreibtisch, zwei Stühlen und einem alten Computer und ein Krankenzimmer mit einer harten Pritsche und ein paar alten medizinischen Instrumenten. Wir bleiben nicht lange, denn der Arzt sagt, er müssen die Behörden informieren.

Im nächsten Ort fahren wir direkt zur Klinik. Dort erzählt uns der Arzt das Gleiche: Ungewöhnlich viele Leute sterben hier an Krebs. Er bringt uns zu einer Patientin. Liu Xing ist 57 Jahre alt. Sie sieht aus wie 80. Sie liegt auf einer Bahre vor ihrem Haus – trotz der Kälte an diesem grauen Wintertag. Sie hat Krebstumore in Speiseröhre, Magen und Darm. Die Operation habe nichts gebracht, sie werde bald sterben, sagt der Dorfarzt. »Ich habe solche Schmerzen. Mein Bauch ist ganz hart, hier ist die Krankheit drin und frisst mich auf.« Liu Xing hält die Hand auf ihren Bauch, ihre müden Augen starren ins Leere.

»Die Toten begraben wir auf den Feldern vor dem Dorf. Da, wo ihr die frischen Erdhügel seht, da liegen sie«, sagt der Arzt. Früher hätte man hier das Wort Umweltverschmutzung gar nicht gekannt. Die Bevölkerung wuchs, die Wirtschaft veränderte sich und mit ihr veränderte sich der Fluss. Ende der 1980er-Jahre wurde der Fluss in seinem Heimatdorf schwarz und stank, erzählt der Arzt. Machen könne er nichts, er könne nur versuchen, die Schmerzen der Patienten zu lindern, um ihnen das Sterben zu erleichtern. Ich bin berührt von der Stärke dieser Menschen, die ihre Verzweiflung überstrahlt.

Ich spreche mit ihnen darüber, was es heißt, wenn wir sie filmen. Ihre Geschichten werden wahrgenommen, aber ihre Gesichter verlieren den Schutz der Anonymität. Ob sich ihr Leben ganz konkret verändern werde, wenn die Öffentlichkeit ihr Schicksal erfahre. Es ist eine Frage, die ich schweren Herzens verneinen muss. Doch je mehr über die Situation am Huai bekannt wird, desto größer ist die Chance, dass sich die gesamte Situation verändert. Die Medienarbeit zeigt bereits Wirkung: Fabriken werden geschlossen und Zentral- und Lokalregierungen investieren 40 Millionen Dollar in fast 2000 Grundwasserbrunnen im Einzugsgebiet des Huai.

Es waren chinesische Journalisten, die das Thema der Krebsdörfer zuerst aufgegriffen haben. Es ist kein Zufall, dass führende chinesische Umweltaktivisten oft ehemalige Journalisten sind. Journalisten sind nicht idealistischer als andere, wir sehen einfach Dinge, die andere nicht sehen. Wir wühlen im Abfall, nehmen Wasserproben und stellen Zusammenhänge her.

Ich wäre gerne stellenweise mit dem Umweltaktivisten Huo Daishan gereist, doch er sagte, das sei zu riskant für ihn. Huo Daishan hatte als Journalist über die Kehrseite des chinesischen Booms berichtet, bis die Zensur ihn stoppte. Er fing als Umweltaktivist an, mit Kamera und Wasserproben das Sterben am Huai zu dokumentieren. Ein gefährliches Unterfangen. Huo wurde zusammengeschlagen, als er fotografierte, wie eine Fabrik Abwasser in den Fluss ließ. Er und seine Familie erhielten Todesdrohungen.

China ist die Werkhalle des Westens

Ich reise weiter stromaufwärts. Während der 1980er- und 90er-Jahre waren die armen Lokalregierungen im Einzugsgebiet des Huai in einer solchen Eile, ihre Provinzen zu industrialisieren, dass sie Firmen, welche die Umwelt aufs Schwerste belasten, aktiv zu sich holten, darunter Chemiefabriken, Papiermühlen und Gerbereien. Örtliche Umweltschutzbeamte schlossen sich der Investement Soliciting Delegation an, um Firmen zu versprechen, dass sie sich in ihren Provinzen nicht den gleich strengen Kontrollen unterziehen müssen wie in stärker entwickelten Gebieten. Das Gesundheitsrisiko für die Bevölkerung wurde in Kauf genommen. Denn die Provinzen wollten am Wirtschaftsboom teilhaben, der andere Gegenden so reich gemacht hatte.

Zwischen den Provinzen gibt es einen gnadenlosen Konkurrenzkampf um die Unternehmen. Die örtlichen Parteifunktionäre kämpfen hart um wirtschaftliche Erfolge, denn sie werden an dem BIP gemessen, das sie ausweisen. Die zuständigen Behörden drängen Banken dazu, Projekte zu finanzieren und haben oft selber Anteile an großen Betrieben, die Arbeitsplätze und Einnahmen bringen. Firmen von außerhalb sind bereit zu investieren. Darunter viele Joint Ventures mit multinationalen Unternehmen, die in Ländern mit strengeren Umweltstandards keine Bewilligung erhalten, ihre Produktionen aufzubauen. Je weiter weg von zu Hause, desto weniger Umweltbewusstsein scheint bei internationalen Unternehmen vorhanden zu sein. Die Luft und die Gewässer sind in China auch deshalb so schlecht, weil China unsere Werkhalle ist. Ausländische Marken lassen von Kleidern über Computer alles in China produzieren. Um im Westen wettbewerbsfähig zu bleiben, nehmen Chinas Fabrikanten die Umweltschäden in Kauf, die Regierung drückt ein Auge zu und die ausländischen Marken können die Verantwortung auf die chinesischen Produzenten abschieben.

Mehrere Abschnitte des Flusses sind so stark mit Giftmüll verschmutzt, dass die Behörden der Bevölkerung empfehlen, das Wasser nicht zu berühren. Laut nationalem Umweltamt sind die sieben größten Flüsse vergiftet und die meisten der großen Seen. 280 Millionen Menschen haben keinen Zugang zu sauberem Wasser. Am Huai erkannte die Zentralregierung schon früh, dass sie handeln muss. 1995 wurde das erste Fluss-Umweltschutzgesetz verabschiedet, um den Fluss zu säubern. Die Lokalregierungen kümmerte das wenig, sie wollten Firmen, die Tausende Arbeitsplätze schufen, nicht verstoßen. So ließen die Firmen weiter giftige Substanzen in den Fluss. Die Lianhua Gourmet Powder Company, der größte Glutat-Produzent und ein Joint Venture zwischen der Lokalregierung und einer japanischen Firma, ließ über lange Zeit täglich über 120 000 Tonnen Betriebsabwasser in den Huai.

Ich fahre in ein Dorf, das am Shaying liegt, einem Nebenfluss des Huai, der durch die Lianhua vergiftet wird. Die Bauern trinken das kontaminierte Brunnenwasser und bewässern ihre Felder mit Wasser aus dem Fluss. Liu Jiali, der Medizin studiert hat, begleitet uns zum Shaying. Auch in seinem Heimatdorf gab es in den letzten zehn Jahren viele Krebstote, darunter Kinder. »Der Effekt, den das verschmutzte Wasser auf die Menschen hier hat, ist gewaltig. Es greift die Därme und das ganze Verdauungssystem an.« Auch die Krankengeschichte seines Dorfes ist die Geschichte von den unvermeidlichen Folgen einer entfesselten Industrialisierung, die in einem Stadium steckt, in dem die Umweltschäden noch gar nicht zu begrenzen sind.

Die Sorge der Regierung ist es, dass radikale Maßnahmen das Wachstum empfindlich treffen könnten, ein Wachstum, das Millionen von Menschen den sozialen Aufstieg ermöglichen soll, auch um sie milde zu stimmen gegenüber dem autokratischen Regime. Doch es ist oft die Umweltverschmutzung, die die Bevölkerung protestierend auf die Straße treibt. »Ich weiß nicht, ob ich mit euch über all das reden soll«, lächelt der Arzt verlegen, als er am Flussufer steht und auf den giftigen Shaying schaut, in dem er als Kind gebadet hat.

Von Weitem sehen wir drei Offizielle über die Felder auf uns zusteuern. Der Arzt verabschiedet sich, wir warten. Filmen im Dorf und am Fluss sei verboten, wir hätten kein Recht die Menschen hier zu interviewen, sagt der Parteisekretär. Er will, dass wir mitkommen in sein Büro, doch wir lehnen ab, denn erfahrungsgemäß kann das einen ganzen Tag dauern. Ich habe schon einige Tage auf Polizeistationen und in lokalen Parteibüros verbracht. Tage, an denen mir Fragen gestellt wurden wie: Warum ich negative Geschichten zu China bringe? Warum ich China hasse? Manchmal verlaufen diese Fragerunden harmlos, manchmal arten sie in Schikanen und Einschüchterungen aus. Der Parteisekretär will, dass wir ihm das Filmmaterial zeigen, doch das können wir nicht, wegen der Menschen, die wir gefilmt haben. Wir sehen, dass ein Beamter in einiger Entfernung telefoniert. Ein schlechtes Zeichen, denn ist erst einmal die Polizei alarmiert, wird es kompliziert. Wir müssen weg, solange wir können. Wir schauen uns kurz an und laufen los, im Eilschritt quer über die Felder, verfolgt vom Parteisekretär und seinem Gefolge. Unser Fahrer sieht uns von Weitem. Er startet den Motor, wird springen ins Auto und fahren los. Ein Polizeiwagen kommt uns entgegen, der uns eine halbe Stunde verfolgt. Als das Polizeiauto wendet, verlangsamen wir das Tempo. Wir wollen zurück in die Provinzhauptstadt Zhengzhou. Wir können weg, die Menschen müssen bleiben, denke ich mir.

Reise in Chinas schwarzes Herz

Wir kommen nach Mitternacht in Zhengzhou an. Es wird eine kurze Nacht, denn ich habe eine Verabredung mit dem Chef einer Kohlegrube in der Nachbarprovinz Shanxi. Es hatte Monate gebraucht, um an einen Kohlebaron heranzukommen, ich konnte diesen Termin nicht verpassen. Um fünf Uhr früh mache ich mich mit Lisha auf den Weg. Tomas bleibt in Zhengzhou zurück, er muss für das tschechische Fernsehen einen Beitrag schneiden und übermitteln.

Die Reise in die Provinz Shanxi ist eine Reise in Chinas schwarzes Herz. Ich verlasse den Huai und somit die Thematik der Wasserverschmutzung und wende mich der Luft zu. Im Vergleich zur Luft in Shanxi kommt mir der Smog in Henan wie Alpenluft in einem Schweizer Kurort vor.

Chinas Wachstum ist auf Kohle aufgebaut. Rund 80 Prozent seines Energiebedarfs bezieht das Land aus Kohlekraftwerken. Jede

Woche geht ein neues ans Netz. China, der größte Energieverbraucher der Welt, ist weltweit der größte CO_2-Verursacher. Auch bei den Schwefeldioxid-Emissionen steht das Land an der Spitze. Rund ein Drittel der chinesischen Kohlevorkommen befinden sich in der Provinz Shanxi, die zum Ort der nationalen Schande wurde.

Kohlenmonoxid, Flugasche und Feinstaub in der Luft, Arsen und Quecksilber im Wasser, die vielen Gifte führen zu schwerwiegenden Krankheiten. Bronchitis, Lungenentzündung, Lungenkrebs gehören zu den häufigsten. Laut chinesischen Studien verursacht der Dreck in der Luft auch mehr Fehlgeburten und Geburtsschäden. Die Geburtsdefektrate liegt in Shanxi sechsmal höher als der nationale Durchschnitt. Wobei dieser in China sowieso höher liegt als die globale Norm.

Ich fahre an Kaminen vorbei, die Karbon und Sulfur ausstoßen. Ich bin unterwegs nach Linfen, einer Stadt, die laut einer Studie zu den zehn schmutzigsten Städten der Welt gehört. Die Lebenserwartung beträgt hier maximal 60 Jahre. In Linfen bin ich mit dem Kohlebaron verabredet. Wir sehen zwei schwarze Landrover an einer Straßenausfahrt stehen. Ein kurzer Gruß aus dem Fenster, die getönten Autoscheiben fahren wieder hoch und wir folgen den Autos durch die trostlose Landschaft.

Eine halbe Stunde später halten wir vor einem dreistöckigen Haus mit weiß gefliesten Wänden und dicken Gitterstäben vor den Fenstern, das der Chef uns als seinen Firmensitz verkauft. Erst sollen wir essen und darüber reden, was wir eigentlich hier wollen, sagt er.

Bei solchen Mahlzeiten geht es immer auch ums Trinken – und zwar in rauen Mengen. Der hochprozentige chinesische Schnaps, der Baijiu, ist gewöhnungsbedürftig. Nur schon das Einatmen der klaren Flüssigkeit dreht mir den Magen um, doch ich bin schon etwas geeicht von meinen diversen Essen mit Offiziellen.

Ich will dokumentieren, wie ein Bergwerk in China funktioniert. Doch der Kohlegrubenbesitzer scheint unschlüssig. Es ist ein heikles Thema, denn jedes Jahr sterben Tausende Grubenarbeiter bei Unfällen, weil bei der Sicherheit gespart wird.

Ich biete ihm an, dass er das Filmmaterial anschauen kann. Der Mann entspannt sich langsam und wir gehen zu den Trinksprüchen über. Ich würde mich als ziemlich trinkfest bezeichnen, vor allem im Vergleich mit Chinesen, und weiß, dass mein Weg in die Grube nur über das Glas vor mir führt. Doch ich bin müde und habe die letzten Tage nicht viel gegessen, auf jeden Fall muss ich bereits nach der vierten Runde Ganbei – dabei wird das kleine Glas mit dem hochprozentigen Schnaps in einem Zug geleert – die Augen zusammenkneifen, um nicht acht, statt vier Männer zu sehen. Lisha war nach dem zweiten Glas schon so betrunken, dass sie nur noch kicherte und als Übersetzerin nicht mehr zu gebrauchen war.

Nach einer kurzweiligen Stunde mit viel Baijiu und Hintergrundinformationen ist es soweit, wir sollen los. Ich muss mich am Tisch festhalten, als ich aufstehe. In der Grube muss ich selber filmen, denn Tomas steckt irgendwo auf der Autobahn zwischen Zhengzhou und Linfen fest. Grundsätzlich kein Problem, denn ich wurde zur Videojournalistin ausgebildet, das Problem ist ein Spezifisches: Ich sehe nicht mehr scharf. Als wir unterwegs zum Auto sind, klingelt das Mobiltelefon des Kohlebarons. Er läuft von uns weg, und ich glaube an seinem Gesichtsausdruck zu erkennen, dass es sich um schlechte Nachrichten handelt. Ich bin mit einen Schlag nüchtern, noch bevor die ernüchternde Nachricht kommt: Ein Beamter hat dem Kohlebaron davon abgeraten, uns in die Grube zu lassen. Das Verhalten der Männer verändert sich, es wird offensichtlich, dass sie uns loshaben wollen. Ich weiß, dass ich verloren habe, bedanke mich für die Gastfreundschaft und verabschiede mich höflich.

»Dieses Land ist außer Kontrolle«

Im Hotel machen wir uns wieder an die Arbeit. Mittlerweile ist auch Tomas eingetroffen. Wir befinden uns etwa zwei Stunden außerhalb von Linfen. Wir lokalisieren die Dörfer um uns herum und suchen nach Fakten und Hinweisen für den nächsten Drehtag.

Lisha muss einen geeigneten Fahrer finden. Denn ein Fahrer kann darüber entscheiden, ob ein Dreh erfolgreich oder erfolglos verläuft.

Ich habe schon Fahrer erlebt, die einfach mitsamt unserer Filmausrüstung verschwunden sind, nur weil das Essen im Restaurant ein paar Kilometer weiter weg besser schmeckte. Oder Fahrer, die sich unter die Dorfbewohner mischten und nicht zur Stelle waren, wenn wir fluchtartig etwa vor Beamten hätten abrauschen sollen. Und dann gibt es die Fahrer, die sich voll in die Sache eingeben und die wildesten Geschichten erfinden, damit wir an die richtigen Adressen und Leute kommen. »Get the job done«, lautet deren Ansatz, wozu auch gehört, dass sie so tun, als sei ich eine Geschäftsfrau. Solche Situationen lösen dann immer Diskussionen aus, was vertretbar ist und was nicht. Ich vertrete eigentlich immer die Meinung, dass wir uns als Journalisten zu erkennen geben müssen.

In Shanxi finden wir einen mutigen Fahrer. Als das Hotel außer Sichtweite liegt, hält er an, steigt aus und überdeckt seine Nummernschilder mit Dreck, den er am Straßenrand zusammenkratzt. Man weiß nie, schmunzelt er komplizenhaft. Die Landschaft, an der wir vorbeifahren, ist voller Aschenberge. Die Grabungen für die Stollen haben das Land ausgehöhlt und den Boden als dünne Kruste zurückgelassen.

Wir halten bei einem Dorf, das umgeben von Kohlegruben und Kohlekraftwerken in einem Tal liegt. Nur wenige Kraftwerke sind mit Filtern ausgestattet. Schwarzer Rauch und Kohlestaub irritieren meine Atemwege. Die Luft ist gelblich-grau, das trübe Rinnsal von Fluss hat eine violette Farbe mit metallischem Glanz. Es sind Farben, die man sonst nicht in der Natur sieht. Alles ist eingehüllt in dicken Smog, die Sonne sehen die Menschen hier nur selten. Egal, von welcher Seite der Wind hier weht, er bläst immer in das Dorf im Tal, der Kohlestaub dringt in die Ritzen der Häuser und die Lungen der Menschen. So muss das Ende der Welt aussehen.

Vor der Dorfklinik hocken Männer und Kinder mit schwarzen Gesichtern. Für westliche Verhältnisse ist es wie eine Zeitreise ins

19. Jahrhundert, wie eine Szene aus einem Charles-Dickens-Roman mit Menschen dreckig vom Kohlenstaub und Kindern, die sich während der industriellen Revolution in den englischen Bergwerken abrackern müssen. Die Bewohner klagen über Kopfweh und Husten. Viele leiden an chronischer Bronchitis, Staublungen und Lungenblähungen, sagt die Ärztin in der Dorfklinik.

Ich treffe Zhai Tschangren, der mich durch das Dorf führt. Vor der Schule fährt er mit den Fingern über einen Fenstersims, die Hand, die er in die Kamera streckt, ist schwarz. »Schaut euch unsere Schule an – alles schwarz. Wie können die Kinder so normal aufwachsen?« Er marschiert den Berg hinauf, wir folgen keuchend. Bei ihm zu Hause das gleiche Bild. »Auf meinen Fenstersimsen, auf dem Geländer, auf dem Boden – alles ist schwarz, man kann hier nichts anfassen. Ich putze meinen Innenhof fünfmal am Tag, aber es nützt nichts. Der Kohlenstaub bleibt. Ich kann nicht atmen, aber das ist denen egal, wenn wir an Staublunge sterben. Die Menschen hier zählen nichts. Sie brauchen uns nur, damit wir uns für das Land abrackern, dafür sind wir gut genug.«

Zhai bringt mich zum Kindergarten. Die Kindergärtnerin erzählt, dass die Kinder husten und oft krank sind. Sie leiden am meisten unter der Luftverschmutzung. Ihre Gesichter sind dreckig, sie schauen uns mit großen Augen an. Vor dem Kindergarten hängt die Nationalflagge. Sie ist nicht rot, sondern grau, der gelbe Stern ist kaum zu erkennen. Diese Fahne, die dreckig am Mast hängt, steht für mich als Symbol für die größte Herausforderung, die sich China beim Aufstieg stellt: Falls nichts geschieht, wird sich das Land mit seiner katastrophalen Umweltverschmutzung selber vergiften, bevor es wirtschaftlich an der Weltspitze steht.

Wir sind mittlerweile schwarz von Kopf bis Fuß. Unsere Kamera ist voller Kohlenstaub, das Filmen wird schwierig. Jedes Mal, wenn ich mir die Nase putze, ist das Taschentuch schwarz. Ich kann mir nach einem halben Tag nicht vorstellen, wie Menschen hier ihr ganzes Leben verbringen können. »Wir sind so arm hier, für uns bleiben nur die dreckigen Industrien«, sagt ein

Grubenarbeiter. Die Männer erzählen von den harten Arbeitsbedingungen, die meisten husten schwer. In den geschlossenen Tunneln der Bergwerke gibt es geringen bis keinen Schutz vor dem Staub.

Die Arbeitsbedingungen in den Minen sind hart. Unfälle passieren häufig, meist überleben nur wenige. Die Angehörigen werden nach Unfällen zum Schweigen gebracht. Minenbosse und Lokalbehörden fürchten sich zu sehr davor, dass die Missstände unter der Erde ans Tageslicht kommen.

Wir stehen in einer Gruppe von Dorfbewohnern und unterhalten uns. Der Mann, der aus dem Haus tritt, ist einer der bestaussehendsten Chinesen, den ich je gesehen habe. Hochgewachsen mit weißen kurzen Haaren, hohen Wangenknochen, blitzenden hellbraunen Augen und einer Stimme wie Samt. Guo Fongchen fährt seit 15 Jahren täglich in die Grube. Während er mit uns redet, hängt eine Zigarette lässig in seinem Mundwinkel, er lächelt spöttisch: »Dieses Land ist außer Kontrolle, niemand weiß, wie sie das wieder in den Griff bekommen wollen. Die Lokalbehörden machen, was sie wollen, die verdienen mit der Industrie Geld, dann kaufen sie sich eine Villa in einer saubereren Stadt. Die einfachen Leute bleiben hier.« Was Guo Fongchen über sein Dorf sagt, kann auf jedes Dorf angewendet werden, das ich während meiner Reise durch die Provinzen Anhui, Henan und Shanxi besucht habe.

Jedes Jahr 750 000 Verschmutzungsopfer

Für mich stehen der Fluss Huai und die Kohlegruben in Shanxi exemplarisch für eine Problematik, die ganz China und die Welt betrifft: Wachstum um jeden Preis, die Ausbeutung und die Zerstörung der eigenen Ressourcen, das Verhältnis zwischen Mensch und Natur und die Schwierigkeit, im globalen Wettbewerb mitzuhalten, ohne den Menschen zu schaden. Und obwohl die Probleme weitgehend erkannt sind, wird wenig getan. Zu wenig.

Wir machen uns auf den Rückweg, von Linfen aus wollen wir nach Peking fliegen. Wir halten an einer Tankstelle, denn wir haben Hunger. In jedem Tankstellenshop in China ist die Auswahl ähnlich: Neben trockenen Keksen und Schokolade gibt es Hühnerfüße in Zellophan eingeschweißt, Würstchen in Plastik abgepackt und Tofu mit Chilisoße, das sich isst wie Kaugummi. Mit der Zeit hatten wir uns an diese Snacks gewöhnt, wir waren häufig auf Chinas Autobahnen unterwegs und vermieden es, uns zu überlegen, was wir wirklich aßen, wenn uns der Heißhunger und der tiefe Zuckerspiegel in die Tankstellenshops trieb.

Ich gebe Tomas meine Geldbörse, der für uns alle einen Großeinkauf macht. Wir essen während der Fahrt im Auto, denn wir wollen zeitig am Flughafen sein. Als ich Tomas nach meiner Geldbörse frage, die auch meinen Reisepass enthält, fängt er an, seine Taschen zu durchsuchen und nach angespannten Minuten erinnert er sich: Er hat sie an der Kasse des Tankstellenshops liegen gelassen.

Wir nehmen die nächste Ausfahrt, unser Fahrer fährt so schnell er kann. Ich hoffe, dass der Geldbeutel noch an der Kasse des Tankstellenshops liegt. Doch er ist weg und somit mein Pass, mein Geld und meine Kreditkarten. Alles ersetzbar, aber das heißt: kein Flug nach Peking! Also beschließen wir, mit dem Auto zu fahren. Der Fahrer hat tagsüber im Auto geschlafen, er ist wach und angesichts der zusätzlichen Entlohnung sofort dabei. Gut 800 Kilometer liegen vor uns, etwa neun Stunden Fahrt. Wir dösen die meiste Zeit, der Fahrer hält zweimal für ein kurzes Nickerchen, während wir uns die Beine vertreten. Es ist eine lange Fahrt, aber der einzig passende Abschluss für diese denkwürdige Reise.

Um sechs Uhr morgens treffen wir in Peking ein. Da der Fahrer die Stadt nicht kennt, lädt er uns an einer Bushaltestelle innerhalb der fünften Ringstraße ab, die bereits voller Menschen ist, die zur Arbeit fahren. Als wir aussteigen und uns unter die Menschen mit geregelten Arbeitszeiten mischen, starren diese uns an. Es dauert eine Weile, bis wir realisieren warum. Wir sehen aus wie Kaminfeger mit dreckigen Kleidern, an Gesicht und Händen klebt noch immer Kohlenstaub aus Shanxi.

Ein Bericht, den die Weltbank in Zusammenarbeit mit der chinesischen Regierung erarbeitet hat, zeigt, dass in China jedes Jahr 750 000 Menschen an den Folgen der Umweltverschmutzung sterben. Die meisten wegen Luftverschmutzung, die weiteren wegen kontaminiertem Wasser. Die Regierung hat die Weltbank dazu angehalten, diese Zahl aus dem publizierten Dokument zu löschen. Der Weltbank wurde gesagt, dass die Zahlen zu heikel seien und soziale Unruhen auslösen könnten.

Die Zentralregierung weiß sehr wohl um die Dringlichkeit des Problems. In den Jahren nach meiner Reise durch die Provinzen Anhui, Henan und Shanxi erklärt die Regierung einige wichtige Schritte in der Umweltpolitik: Kampagnen gegen die Desertifikation, Säuberungsprogramme für die Gewässer, ein transparentes Umweltgesetz, geringere Wachstumsziele, Milliardeninvestitionen in erneuerbare Energiequellen und grüne Technologien, Einschränkungen beim Energie- und CO_2-Verbrauch und die Förderung der Entwicklung der sogenannten sauberen Kohle. Das erste Kohlekraftwerk mit sogenannter IGCC-Technik ging bereits ans Netz.

Doch laut Experten ist es nicht eine Frage zwischen sauberer und herkömmlicher Energie. China braucht beides. Bis zum Jahr 2020 will China das BIP vervierfachen. Dafür braucht es Energie, und der einzige Rohstoff, über den das Land in großen Mengen verfügt, ist Kohle. Trotz Solarenergie, Windkraft und sauberen Kohlekraftwerken – auch wenn China jede alternative Energiequelle voll ausschöpfen würde, wäre es immer noch schwierig, genügend Energie zu produzieren für die weitere wirtschaftliche Entwicklung. China kommt noch nicht von der Kohle weg. China ist schwarze Großmacht und grüne Großmacht. Beides zur gleichen Zeit. Die dominierende Farbe aber, die ich mit meiner Zeit in China verbinde, ist grau.

Schanghai Megacity – eine Stadt im Burnout

»Megacitys wie New York, London sind permanent, erstarrt in ihrer
Form. Wir wissen nicht, ob das einst Gebaute gut ist für immer.
Schanghai ist nachhaltiger, denn alles ist temporär. Die Zukunft
muss Platz haben, sich zu entfalten, die Richtung vorzugeben.
Was wir heute hier sehen, kann morgen ersetzt werden, und das
ist gut so. Schanghais Flexibilität, die ständige Transformation, das
ist der Charakter einer futuristischen Megacity.«

Ma Qingyun, Architekt

»Der chinesische Konsum bleibt die Geschichte des Jahrzehnts.«

Jim O'Neill, ehemaliger Chairman
Goldman Sachs Asset Management

Es war in Peking wieder die Zeit der bunt beleuchteten Straßen,
obwohl Weihnachten in China offiziell nicht gefeiert wird – und in
Zürich die Zeit der 10vor10-Korrespondentenserie. Das Thema
stand fest – Megacitys – und für mich war klar: Aus China gehe ich
mit Schanghai an den Start.

Von Peking nach Schanghai reise ich mit dem Zug. Je länger ich
in China lebe, desto öfter versuche ich, Flughäfen zu vermeiden.
Der Flugverkehr hat zwar massiv zugenommen, doch nach wie vor
werden 80 Prozent des Flugraums vom Militär kontrolliert und
gelten als Sperrzone für Passagierflieger. Für sie bleibt nur ein
schmaler Flugkorridor passierbar, was gezwungenermaßen Tag
und Nacht zu großen Verspätungen führt. Der Zug ist daher eine
gute Alternative, vor allem zwischen Großstädten. Hier reist man

komfortabel, zumindest in der ersten Klasse, die ich mir auf dieser Reise gönne. Ich bin auch schon in der Holzklasse in abgelegene Winkel des Landes gereist. In Rüttelzügen, dicht gedrängt neben Hühnern und Passagieren, die Nudelsuppen aufbrühen und sich lautstark unterhalten.

Ich nehme den Nachtzug. Leider bin ich ein halbes Jahr zu früh für den neuen Hochgeschwindigkeitszug, der die 1300 Kilometer lange Strecke Peking–Schanghai in fünf Stunden zurücklegen wird. Ein nationales Prestigeobjekt, das kurz nach seiner Einweihung und einigen Fahrten mit 350 Kilometern pro Stunde zu Pannen und zu einem tödlichen Umfall führen sollte, bevor sich der Betrieb normalisierte.

Zusammen mit dem Kameramann Nathan Mauger und meiner News-Assistentin Siyun Zheng füllen wir ein ganzes Abteil. Nathan hat eine Flasche Whisky mitgebracht, wir unterhalten uns über den Fortschritt und die Liebe, es ist eine kurzweilige Nacht. Ich erwache im Morgengrauen, der Blick aus dem Fenster ist wie eine Zeitreise: Bauern arbeiten auf dem Reisfeld, etwas weiter knien Frauen auf dem Acker. Vorbei geht es an Fabriken, die Rauch spucken, durch schäbige Vorstädte und schließlich hinein in den Großstadtdschungel aus Zement und Stahl. Nach zehn Stunden Fahrt sind wir am Ziel. Wir sind in Schanghai.

Schanghai, von Deng Xiaoping zum Kopf des Drachens ausgerufen, ein Vorbild, nach dem sich alle Städte in China richten sollten. Hier stehen die modernsten Gebäude, die größten Einkaufszentren, die freizügigsten Bars – Schanghai ist mit Abstand die progressivste Stadt im Land. Und die, die sich am schnellsten verändert. Hier steht das höchste Gebäude Chinas, Straßen und U-Bahnlinien wurden im Rekordtempo fertiggestellt. Alle sechs Monate erscheint ein neuer Stadtplan.

Megacity Schanghai – Stadt der Zukunft, die Stadt als Burnout, ich habe zwei Arbeitstitel, denn oft trifft man auf mehrere Realitäten.

»Viel Geschichte wurde zerstört«

Bei der Definition von Zukunft ist es wichtig, auch einen Blick in die Vergangenheit zu werfen. Der Fotograf Liu Jie hält die Veränderungen mit der Kamera fest. Ich treffe ihn an seinem Lieblingsplatz. Liu steht auf der Terrasse eines Hotels und betrachtet die Schanghaier Skyline durch die Linse. Auf der Balustrade stehen seine Objektive, darunter Fotos der letzten Jahre. Er hält eines seiner Schwarz-Weiß-Bilder in die Höhe, sodass ich im Hintergrund das heutige Pudong sehe. Wo heute das supermoderne Geschäftszentrum mit dem ikonischen Fernsehturm steht, waren vor zwanzig Jahren fast nur Reisfelder und Hütten.

Die Stadt seiner Kindheit gebe es nicht mehr, sagt Liu Jie. In jedem anderen Land würde eine solche Veränderung drei Generationen dauern. »Diese schnelle Veränderung ist auch schmerzvoll. Hunderttausende Menschen wurden umgesiedelt, viel Geschichte wurde zerstört. Wenn ich nach einem Monat mit meiner Kamera an einen Platz zurückkehre, ist er verändert. Das ist Schanghais Schicksal: Die Stadt ebnet den Weg zur Modernisierung und Urbanisierung für ganz China.« Ich begleite Liu Jie in sein Studio, einen kleinen Raum voller Bilder von Menschen, Gebäuden und ihrer Geschichte. Es ist die Geschichte einer Stadt, die sich neu erfunden hat. Die Weltausstellung, die 2010 in Schanghai stattfand, hat die Entwicklung der Stadt noch beschleunigt: Fast 50 Milliarden Dollar wurden in die Verschönerung und Infrastruktur investiert. Die Hardware der Stadt sei zehn Jahre voraus, der Geist versuche aufzuholen, sagt der Fotograf.

Auch in einer Stadt wie Schanghai werden die Menschen nicht von Umsiedlung verschont. Skandale um Eigentumsrechte und geprellte Hausbesitzer versucht Schanghai so gut wie möglich unter dem Deckel zu halten, denn die Stadt ist sehr auf ihr Image bedacht. Schanghai vergleicht sich gerne mit Metropolen wie New York oder London. Denkmalschutz zählt wenig, Schanghai ist ausgesprochen unsentimental. Bulldozer und Baukräne sind pausenlos im Einsatz, selbst nachts wird gehämmert und demoliert.

Die geschichtsträchtigen Gebäude in der French Concession, einst die Residenzen der europäischen Händler, sind jetzt elegante Zigarrenlounges, coole Bistros und bourgeoise Boutiquen. In einem früheren Arbeiterviertel ist das Vergnügungsviertel Xintaindi – »neue Welt« – entstanden. Hier kostet ein Bier gleich viel wie auf dem Land ein Essen für eine Großfamilie. Die historischen Häuser wurden abgerissen und im alten Stil wieder aufgebaut. In den Restaurants sitzen Schanghaier Schönheiten und Männer mit Mobiltelefonen am Ohr. Ich kehre im Paulaner ein, weil ich umgeben von dieser schönen, neuen Welt etwas Bodenständiges brauche: eine Weißwurst und einen Teller Sauerkraut – zu abgehobenen Preisen. Gleich um die Ecke steht das Museum der Revolution, wo unter Mao Zedongs Mitwirken 1921 die Kommunistische Partei Chinas gegründet wurde. Lange ist es her.

Schanghai war in der Kolonialzeit Handels- und Finanzzentrum. Als Perle des Ostens gefeiert, gewann die Stadt den Ruf einer dynamischen, kosmopolitischen Metropole, die aber auch von Lastern und Kriminalität geprägt war. Sittenlosigkeit, Verschwendung und Lebenshunger neben Armut und Untergangsstimmung. Der britische Schriftsteller Aldous Huxley hatte 1926 »in keiner Stadt je einen solchen Eindruck von einem dichten Morast üppig verflochtenen Lebens« festgestellt. Schanghai wurde zum Synonym für Sünde, Reichtum und Abenteuer.

Maos Armee, die 1949 in die Stadt einmarschierte, setzte dem geschäftigen Treiben ein Ende. Mao beschimpfte Schanghai als »Hure des Imperialismus« und als »Schande Chinas«. Die Kommunisten schlossen die Privatbetriebe und sperrten Unternehmer, Gangster und Ausländer ins Gefängnis oder verbannten sie. Schanghai wurde zur Hochburg der ultraradikalen Partei und zu einer Bastion der staatlichen Industrie. Steuereinnahmen musste Schanghai weitgehend an die Zentralregierung in Peking abliefern. Diese Entwicklung fand erst 1989 ein Ende. Zehn Jahre, nachdem er in Südchina die Marktöffnung vorangetrieben hatte, erlaubte der Reformer Deng Xiaoping auch Schanghai loszulegen. Schanghais

Führung übernahm eine Stadt, die am Boden war. Doch sie berief sich auf ihre wirtschaftliche Tradition und gründete 1990 auf der anderen Seite des Huangpu-Flusses die Sonderwirtschaftszone Pudong. Bald wies Schanghai zweistellige Wachstumsraten auf und ließ den Rest des Landes weit hinter sich. In kürzester Zeit wurde die Stadt durch eine Kombination von wirtschaftlicher Prosperität und staatlicher Kontrolle mit einem Kraftakt hochgezogen.

»Für Unternehmer der vielversprechendste Platz der Welt«

Heute ist Schanghai nicht nur Drachenkopf der Nation, sondern Speerspitze der globalen Konsumgüterindustrie. Chanel, Gucci, Louis Vuitton, Fendi, Prada, Zara, H&M, Mango, und wie sie alle heißen, verwandeln die Stadt in ein riesiges Einkaufszentrum. Jeden Tag eröffnen neue Geschäfte und hoffen auf lukrative Umsätze, wenn mehr und mehr Menschen vom Land in die Stadt ziehen.

Nicht nur die Luxusgüterindustrie und die Retail-Giganten setzen auf Schanghai, auch die ausländischen Restaurantketten zählen auf den Appetit der chinesischen Konsumenten. An jeder Ecke gibt es einen Mc Donald's und einen Kentucky Fried Chicken. Die amerikanische Fastfood-Kette eröffnet täglich eine neue Filiale in China. Das erzählt mir Marc Aeschlimann, Geschäftsführer von Franke China, bei einem Rundgang durch die Produktionsstätte. Die Schweizer Firma stellt in Südchina Küchensysteme für Privathaushalte und die Fastfood-Gastronomie her. Die größten Kunden sind Pizza Hut, Mc Donald's und Kentucky Fried Chicken. Das Geschäft boomt mit dem schnell wachsenden Appetit der chinesischen Städter auf amerikanisches Fast Food.

Die westlichen Marken leben vom Image und von der wachsenden Kaufkraft im Land. Geschätzte 400 Millionen Menschen zählen zur neuen chinesischen Mittelschicht. Je nach Berechnung zählt dazu, wer im Jahr zwischen 10 000 und 60 000 Dollar verdient. Laut einer

McKinsey-Studie werden 2025 in China über 600 Millionen Menschen über ein mittleres Einkommen verfügen. Wenn die Chinesen ein ähnliches Konsumverhalten entwickeln wie die Amerikaner, sind Herr und Frau Zhang die Antwort auf Amerikas wirtschaftliche Not.

Für das US-Wirtschaftsmagazin »Forbes« ist Schanghai nicht weniger als »das Tor zu den Profiten« und »für Unternehmer der vielversprechendste Platz der Welt«. Hier treffen sich die PR-Agenten, die Marketingmanager und die Werbefachfrauen dieser Welt. Alle mit dem gleichen Ziel: den Chinesen den westlichen Lebensstil und das entsprechende Konsumverhalten schmackhaft zu machen. Geht es nach den Konzernen, sollen die Chinesen die größten Shopper der Welt werden. Die Zentralregierung hilft mit, sie hat den heimischen Konsum als wichtigen Treiber des Wirtschaftswachstums ausgerufen. Einkaufen ist staatlich verordnet.

Doch Chinas Bürger kaufen noch wenig ein im globalen Vergleich. Die Konsumausgaben machen erst 34 Prozent des Volkseinkommens aus, in den USA sind es 70 Prozent, der weltweite Durchschnitt liegt bei 61 Prozent. Doch China holt auf. Mit 700 Millionen Handybesitzern ist China bereits der größte Mobilfunkmarkt. Schanghai mit dem höchsten Pro-Kopf-Einkommen des Landes kauft am meisten.

Eine Stadt im Burnout

Wir beginnen unseren Drehtag am Bund, der Uferpromenade am Huangpu-Fluss. Pensionäre praktizieren vor der modernen Skyline traditionelles Tai-Chi. Ruhige Bewegungen inmitten des pulsierenden Lebens. Die Abläufe der Übungen sind kontrolliert, die Atmung der Menschen geht gleichmäßig, da mag die Stadt noch so ungeduldig hupen. Zwei Millionen Autos quälen sich durch ihre Arterien und täglich werden es 600 mehr. Wer modern sein will, braucht ein Auto. Und wer noch keines hat, arbeitet darauf hin. Sieben Tage die Woche.

Ich bin unterwegs zu der Psychologin Zhou Guanghua. Wir stehen im Stau, genauso wie die Psychologin am anderen Ende der Millionenmetropole. Sie behandelt Menschen, die von der Stadt überfordert sind. »Der Verkehr ist der erste Stress am Morgen. Die Menschen müssen zur Arbeit. Sie möchten aus dem Auto springen und losrennen, um nicht zu spät zu kommen, aber auf der Autobahn steckt man fest. Da bleibt nur die Wut«, erklärt mir Zhou Guanghua, als wir uns mit einiger Verspätung in der Stressklinik treffen, die hoch über der Autobahn liegt.

Vor zehn Jahren hat sich die Psychologin auf die Behandlung von Burnout- und Stress-Symptomen spezialisiert. Damals gewann Chinas Aufschwung an Tempo. Ihre Patienten zeigen eine psychologische Müdigkeit, sagt sie. Sie sind erschöpft von der Metropole. Alle wollen am Wirtschaftsboom teilhaben, doch der Druck ist für viele zu groß. »Die schnelle Veränderung macht die Menschen ängstlich und deprimiert, sie fühlen sich heimatlos. Sie sind ständig am Kämpfen, um mithalten zu können. Sie kommen sich vor wie ein Rennwagen, der in voller Fahrt plötzlich auseinanderbricht.«

Bevor das geschieht: Dampf ablassen. Patientin Li Jing schlägt in einem Geräteraum mit einem Stoffknüppel auf eine Gummipuppe ein. Die Psychologin steht daneben und lächelt sanft. Auch ich stehe in sicherer Entfernung im Raum mit meinem Kameramann. Keine Frage, Li Jing ist wütend. Mit jedem Schlag holt sie weiter aus. An wen sie dabei wohl denkt, frage ich mich. Kann eine Metropole einen so mitnehmen, kann Entwicklung so erschöpfen?

Es scheint so, wenn alles zu schnell geht. Li Jing arbeitet am Tag, in der Nacht geht sie zur Schule. Sie will sich weiterbilden zur Werbefachfrau, ein Job, der sie in eine höhere Einkommensklasse katapultieren soll, denn in Schanghai werde auf die heruntergeschaut, die weniger haben. Sie habe das Gefühl, den Anforderungen der Stadt immer einen Schritt hinterher zu sein. »Ich bin dauernd atemlos, völlig überfordert. Nichts ist von Dauer. Alle sind in

Eile. Diese Stadt ist verrückt.« Li Jing ist zugewandert. Schanghai verlangt viel von seinen Bewohnern. Doch ist es nicht genau das, was viele antreibt?

Ich suche Antworten bei Ma Qingyun, einem der erfolgreichsten Architekten Chinas und Dekan der Architekturfakultät in Los Angeles. Als ich in seinem Bürogebäude eintreffe, wird er soeben für einen Artikel in einem Lifestyle-Magazin fotografiert. Er steht vor einer violetten Wand, wirft sich gekonnt in Pose, mimt den Denker und den Helden und dann lacht er, ein herzliches, ansteckendes Lachen. Die chinesische Presse feiert ihren Star – er verkörpert den Fortschritt.

Ma Qingyuns steile Karriere begann mit Chinas Aufstieg. In seinem Büro wird an der urbanen Vision gearbeitet. Fünfzig Architekten lernen hier, was Fortschritt ist. Ma und sein Team bauen Hotels, Wohnkomplexe und Einkaufszentren in China und der Welt. Doch die Stadt der Zukunft könne nur in China entstehen, sagt Ma Qingyun, denn hier entscheide die Regierung über den Fortschritt. Gefällt ein Projekt, wird gebaut. Kompromisslos. Das große Ganze steht im Vordergrund, nicht das Individuum. Darum kann Schanghai schnelle Lösungen für die Urbanisierung anbieten. Es liege am Architekten, die Stadt für den Menschen lebbar zu machen. Der Maestro zeigt mir ein Projekt für erhöhte Fußgängerzonen, eine Welt über dem Boden, Menschen, die über Straßen schweben, futuristische Stadtplanung.

Der chinesische Immobilienmarkt ist heiß gelaufen

Der Bauboom schlägt sich in den Preisen nieder. Wohnungssuche in Schanghai ist nichts für schwache Nerven und kleine Budgets. Mit dem Ehepaar Peng Zhigang und Li Yunling fahren wir aus der Stadt hinaus, doch auch weit außerhalb des Stadtzentrums sind für die Doppelverdiener die Preise unbezahlbar. Die Wohnung, die uns die Maklerin zeigt, ist 95 Quadratmeter groß und ganz neu, wie sie sagt. Sie kostet 200 000 Dollar, das sind über 2000 Dollar pro Quadratmeter. Vor einem Jahr war es noch die Hälfte. Li Yunling, von Beruf Buchhalterin, ist schockiert. »Diese Wohnung ist doch nicht so viel wert. Das hat doch nichts mehr mit der Realität zu tun, diese Wohnung ist ja völlig abgelegen.«

Schlechter Komfort für hohe Preise. Der chinesische Immobilienmarkt ist heiß gelaufen. Als Käufer würde er sofort ein Darlehen erhalten, trotz der neuen strengeren Vorschriften der Zentralregierung, sagt Ehemann Peng Zhigang. »Wenn du willst, kriegst du eine Hypothek, das Objekt spielt keine Rolle. Die Immobilienhändler und die Banken wollen beide Profit machen: Sie stecken unter einer Decke.«

Bereits 2010 warnte die chinesische Bankenaufsicht CBRC vor den großen Gefahren für die heimische Wirtschaft: Der Bankensektor halte inzwischen viele faule Hypothekarkredite. Banken finanzieren Bauprojekte, obwohl diese kaum lukrativ sind oder der reinen Spekulation dienen, wie etwa die Wohnungen im Projekt »Shimao Riviera« am Huangpu-Fluss in bester Lage. Finanziert wurde das Projekt größtenteils von einer staatlichen Bank. Die Wohnung, die wir besichtigen, ist 333 Quadratmeter groß und kostet etwas mehr als 2 Millionen Dollar. Hinter der schicken Fassade bröckelt der Putz von den Wänden, die elektronischen Vorrichtungen sind lädiert und der Boden dreckig. Möbliert ist die Wohnung mit Büchergestellen von Ikea, einem goldenen Bett und einer Kopie eines Murano-Kronleuchters.

Seine Kunden suchen vor allem nach Investitionsmöglichkeiten, sagt Johnny Sze, Chef der renommierten Maklerfirma Hanyu. In den letzten fünf Jahren (2009–2014) haben sich die Preise für Wohneigentum im landesweiten Durchschnitt verdoppelt. In China ist es gemessen am jährlichen Durchschnittseinkommen teurer eine Wohnung zu kaufen als in Tokio oder London.

»Solange die Preise steigen, machen wir weiter, es ist wie an der Börse. Was wir sehen, ist teilweise eine Immobilien-Blase, aber das braucht der Markt. Wie könnten sonst Zement und Steine so viel

Wert haben? Wird die Blase platzen? Kann sein. Im Moment jedenfalls fließt noch viel heißes Geld nach Schanghai, das meiste kommt von Kohlegrubenbesitzern, die investieren wollen.« Johnny Sze erzählt von Kohlegrubenbesitzern, die mit Koffern voller Bargeld in sein Büro kommen, um zu kaufen.

In China dienen Immobilien als Gelddepot, als Platz, um sein Geld zu parken, weil es kaum andere Investitionsmöglichkeiten gibt. Wegen der künstlich niedrigen Sparzinsen, der nicht existierenden Grundsteuer und des volatilen Aktienmarktes gibt es gute Gründe, das Geld in Immobilien zu pumpen. Findet dieses Geld aber in Zukunft andere Anlagemöglichkeiten, könnte es mit dem Immobilienboom vorbei sein.

Die Zentralregierung versucht gegenzusteuern, etwa durch die Vorschrift, dass Käufer höhere Anzahlungen leisten müssen. Käufer von Zweit- oder Drittwohnungen müssen viel mehr Eigenkapital bereitstellen. Die Zentralbank hat die Eigenkapital-Anforderungen für Banken angehoben, um dem Markt die überschüssige Liquidität zu nehmen und Spekulationen zu verteuern. Nach jahrelangen Maßnahmen beginnt sich der Anstieg nun in den großen chinesischen Städten zu verlangsamen – auch für Immobilien in bester Lage.

Ein Leben mit Bodyguard und Prada

An bester Adresse in Schanghai lebt Gao Jia, eine erfolgreiche Schanghaierin, mit ihrem Mann, ihren Eltern und ihren zwei Töchtern. Das Penthouse ist luxuriös mit Marmor und Teakholz ausgestattet, am Eingang steht ein Schrein mit Bildern der Vorfahren. Der Familie gehören der Schanghaier Yachtklub, ein Rennpferd und verschiedenste Immobilien in der Stadt. Sie hat zwei Hausangestellte, zwei Kindermädchen und einen Fahrer. Sonst aber sieht der Morgen aus wie bei einer ganz normalen Familie.

Als ich die Wohnung betrete, kommen mir die beiden pink gekleideten Mädchen mit süßen Zöpfchen und schelmischem Lächeln entgegen. Gao Jia, in Chanel, aber noch barfuß, drückt mir die Hand. Es ist ein fester Händedruck, untypisch chinesisch, dann rennt sie ihrer Tochter nach, die mit Mamas Prada durch die Stube marschiert, so groß wie ein Tanzsaal und mit passendem Kronleuchter.

»Ich bin morgens schon froh, wenn ich mich in Ruhe anziehen und schminken kann. Wenn ich zu Hause bin, wollen die Mädchen natürlich Zeit mit mir verbringen«, lacht Gao Jia. Ich nicke verständnisvoll, es ist die spontane Solidarität zwischen »working mums«, und obwohl uns Welten trennen, ist das Eis sogleich gebrochen.

Zum Frühstück gibt es hartgekochte Eier und Congee, eine für meine Begriffe fade Reissuppe. Ich hätte viel gegeben für eine Tasse Kaffee, doch ich hatte die Auswahl zwischen warmer Sojamilch, warmem Wasser oder Tee. Auf der Fahrt in ihr Büro hängt Gao Jia am Telefon, der Fahrer steuert den BMW sicher durch den Morgenverkehr, neben ihr sitzt ihr weiblicher Bodyguard, der neueste Schrei unter Chinas erfolgreichen Unternehmerinnen. Yu Han, ehemalige Berufssoldatin in der Volksbefreiungsarmee, ist der Schatten der erfolgreichen Unternehmerin. China gilt als sicher, die Großstadt Schanghai erst recht. Daher ist Yu Han eher persönliche Assistentin als Personenschützerin. »Mein Bodyguard ist enorm wichtig für mich. Sie hat alle Fähigkeiten einer Assistentin und sie ist trainiert, um sicherzustellen, dass ich auf der Straße nicht belästigt werde. Sie stoppt auch Mitarbeiter, die wegen Lohnproblemen in mein Büro stürmen. In unserem Industriebereich herrschen schlechte Manieren, sodass mir Yu Han manche unangenehmen Situationen erspart.«

Gao Jia ist Herrin über 1500 Männer. Die Unternehmerin besitzt eine Sicherheitsagentur, die Wachpersonal an Banken, Luxusgeschäfte und zu Großanlässen vermittelt. Die Stars und Sternchen wollen bewacht werden und immer öfter auch die »Goldkragen«, wie die heimischen Millionäre und Spitzenverdiener im Lokaljargon genannt werden.

Die Einkindpolitik habe wahre Löwen-Ladies hervorgebracht, erklärt Gao. »Ich bin ein Einzelkind. Meine Mutter hat mich erzogen wie einen Sohn. Von den Mädchen wird heute in China gleichviel erwartet wie von den Jungs. Das formt die Fähigkeiten der Frauen, dem harten Konkurrenzkampf standzuhalten. Viele Männer wollen nicht zugeben, dass Frauen im Business gleich gut oder gar besser sind. Männer in Führungspositionen werden ernst genommen. Frauen an der Spitze sind auch hier noch die Ausnahme. Wir werden beobachtet.«

Beim Boardmeeting sitzt Gao Jia am Kopf eines langen Tisches in einem verglasten Konferenzraum im zwanzigsten Stock. Hinter ihr liegt die Stadt, vor ihr sitzt ihr mittleres Management. Das schwarze Deux-pièce von Chanel gibt der Unternehmerin einen Hauch von zeitlosem Pariser Chic. Ihre Haare sind zu einem strengen Dutt zusammengebunden, die Nägel rot lackiert, die Lippen rot geschminkt. Gao zieht an ihrer Zigarette, bläst den Rauch aus, lehnt sich in ihrem Stuhl zurück und schaut in die Runde.

Gao Jia hat genug Geld, um sich das Leben so zu gestalten, wie sie will, und Schanghai lässt keine Wünsche offen. In den Delikatessenläden der Stadt findet man die auserlesensten Lebensmittel aus der ganzen Welt zum doppelten Preis wie in Europa. Gao Jia liebt Olivenöl und Schuhe aus Italien, Baguettes und Mode aus Frankreich und alles aus den USA. Ihren Töchtern solle es an nichts fehlen, sie selber sei mit wenig aufgewachsen. Doch diese Zeiten seien vorbei.

Am Abend trifft sich Gao Jia mit anderen Unternehmerinnen beim Japaner, später geht es auf einen Drink in eine Bar am Bund. Die Terrassen der Bars bieten Aussicht auf das Finanzviertel Pudong, dessen Wolkenkratzer Schanghais Wiederaufstieg belegen. Auch ich tauche ins Nachtleben ein. Die Bar Rouge wird als Ikone unter den Freiluftbars beschrieben. Ein Hotspot mit guter Musik, eleganten Cocktails und bester Aussicht. Als ich ankomme, tanzen vor allem westliche Partygänger zu Technomusik. Schöne chinesische Frauen schlängeln sich über die Tanzfläche.

Die chinesische Mittelklasse erobert
den globalen Markt

Ich wechsle die Lokalität. Die Vue Bar befindet sich im 32. und 33. Stock des Hyatt Hotels. Die Auswahl an teuren ausländischen Weinen und erlesenen Champagnern ist beeindruckend. Ich bleibe beim Wodka Tonic. Der 33. Stock bietet eine Freilufterrasse mit Ruhebetten und Whirlpool. Auch hier dominieren die Ausländer. Männer sitzen am Rand des Whirlpools, die eleganten Lederschuhe neben sich, die Hosen ihrer Anzüge bis zu den Knien hochgekrempelt und die Füße baumeln im sprudelnden Nass. Ich setze mich dazu.

Es sind Manager auf der Durchreise, Marketingexperten mit Wohnsitz in Schanghai, Finanzberater und Werbefachleute. Man ist sich einig: Schanghai ist die Zukunft, China sowieso. Ich erzähle von meiner Reise durch die Provinzen Anhui, Henan und Shanxi, und wieder ist man sich einig: alles eine Frage der Zeit. Auch das Ruhrgebiet sei zu Zeiten der Industrialisierung kein angenehmer Ort gewesen, sagt ein deutscher Geschäftsmann.

Ob sie jemals durch das ländliche China gereist seien, frage ich. Nein, man sei da, wo die Konsumenten seien, man suche die Nähe zum Kunden der Zukunft. Das ländliche China beschränkt sich für viele auf die Produktionsstätten außerhalb von Schanghai oder im Perlflussdelta, gefüllt mit Wanderarbeitern aus Anhui und Henan. Wenn das Erlebte so weit auseinanderliegt, reicht auch eine ganze Nacht nicht aus. Der Fokus an diesem Abend gilt der chinesischen Mittelklasse, die es vor einer Dekade noch kaum gab.

Die Geschäftsmänner auf der Dachterrasse mit den Füßen im Whirlpool sind sich einig, dass die ganze Welt von der chinesischen Mittelklasse profitieren könne. Sie sind überzeugt, dass das zunehmend globalisierte Konsumverhalten der wachsenden chinesischen Mittelklasse uns alle beeinflussen wird. Chinesen geben doppelt so viel aus wie andere Touristen, wenn sie in den USA sind und machen den größten Teil der Luxusgüterkäufer in Europa aus.

Der Banker spricht von den chinesischen Millionären, der Aviatiker von den chinesischen Touristen, die PR-Agenten und die Geschäftsführer von den chinesischen Kunden. Millionen von Menschen mit den gleichen Träumen von einem besseren Leben für sich und ihre Kinder.

»Wir wurden ohne Kultur geboren«

Die Nacht ist noch jung, und in den Bars und Nachtklubs der Stadt hat das Leben erst begonnen. Schon in den 1930er-Jahren wurde Schanghai zum Symbol für Sex und Sünde. In den Opiumhöhlen vergnügten sich die Ausländer mit den Prostituierten, Korruption grassierte in den Spielhöllen und Bordellen der Stadt.

Schanghai war damals wohl anziehend und abstoßend zugleich, genauso wie Mian Mian das Schanghai der 1990er-Jahre in ihrem Erzählband »Deine Nacht, mein Tag« beschreibt:

Ein Geruch nach Klimaanlagen, nach echtem und gestrecktem Heroin, Kondomen, Oralsex, Fastfood, eisgekühltem Obst, eine Atmosphäre von Schallplatten mit südchinesischen Liedern, Tischlampen, Acht-Kostbarkeiten-Suppe, von Hongkong-Dollar und chinesischen Kuai, vom Chef vom Dienst und von Erbrechen.

In diesem Gasthaus klopfte Little Schanghai an so viele Türen, dass ihr schwindlig wurde, sie die Orientierung verlor und sie schließlich bei mir landete. Sie hielt einen knallroten Apfel in der Hand, und ich fragte mich, welcher Gast ihr den wohl gegeben hatte. »Entschuldigung«, sagte sie, »ich habe mich schon wieder in der Tür geirrt.« »Komm herein«, sagte ich. »Hilfst du mir? In meinem Badezimmer liegt ein Mann.«

Das Buch beschreibt eine Welt, in der alles falsch läuft und treibt den Literaturfunktionären die Schamröte ins Gesicht. Die Autorin, einst ein wildes Kind der chinesischen Underground-Literaturszene ist mit vierzig ruhiger geworden, sie empfängt mich in ihrer Wohnung am nördlichen Bund.

Ihre zierliche Gestalt versinkt beinahe in dem schwarzen Ledersofa. Mian Mian ist von Kopf bis Fuß in Schwarz gekleidet und zieht an einer endlosen Schlaufe von Zigaretten. Rauchschwaden hängen zwischen uns, eine Leuchtreklame vor dem Fenster taucht ihre Haut abwechslungsweise in sinnlich-rotes, dann wieder in leblos-grünes Licht. Hinter der coolen Fassade scheint Mian Mian unsicher, eher wie eine einsame Nachtkönigin als eine gefeierte Kultautorin. Ihre Bücher, die von elenden Liebesbeziehungen, harten Drogen und Rock'n'Roll handeln, geben das Gefühl der Jugendlichen am Rande der chinesischen Gesellschaft wider. Halb autobiografisch, halb fiktiv waren sie lange von der Zensur verboten wegen geistiger Umweltverschmutzung. Sie spricht von ihrem Heroinentzug, wie das Schreiben ihr das Leben gerettet habe, und darüber, dass in Wirklichkeit alles noch viel extremer sei als in ihren Erzählungen. Sie starrt dabei auf den Boden. Nur wenn Mian Mian ihre Lebensgeschichte und ihre literarischen Figuren vergisst und über die Orientierungslosigkeit ihrer Generation spricht, schaut sie mir direkt ins Gesicht. Sie hat neugierige Augen und auch etwas traurige.

Die Alten hätten noch den Kommunismus von Mao erlebt, die ganz Jungen wissen nicht einmal mehr über die Studentenunruhen auf dem Tian'anmen-Platz Bescheid. Ihre Generation liege genau dazwischen. »Wir sind die Generation nach der Kulturrevolution, wir wurden ohne Kultur geboren, darum nehmen wir uns einfach das, was uns gefällt. Musik und Filme aus dem Westen vermitteln einfach mehr Liebe, das hat mir viel mehr gegeben als meine Erziehung. Die chinesische Erziehung ist kalt, sehr kalt. Deshalb habe ich jahrelang Partys organisiert, ich wollte einfach Spaß haben mit meinen Freunden, wir hatten nicht viel Spaß als Kinder in diesem Land.«

Mian Mian organisierte große Techno-Events und stieg zur Partykönigin auf. Und auch wenn sie heute nach einem neuen Lebensgefühl suche, wie sie sagt, macht sie ihrem Ruf doch alle Ehre. Sie springt vom Sofa auf: »Lass uns ausgehen!« Wir fahren durch die

Nacht, durch die neonerhellte Stadt, in der ihre literarischen Figuren wohl irgendwo herumirren, angetrieben von dem Verlangen nach dem ultimativen Kick und der Sehnsucht nach wahren Gefühlen.

Mian Mian bringt mich zu einem Konzert der Schanghaier Punkrockband »Top floor circus«. Der Sänger ist ein Freund von ihr, seine Texte sind ironisch und gesellschaftskritisch. Sie handeln von der Kaufsucht der jungen chinesischen Generation, machen sich lustig über die Oberflächlichkeit, die Angepassten und die Businessleute in Schanghai.

Es riecht nach Marihuana, die Stimmung ist ausgelassen. Und wieder fahren wir durch die Nacht in ein Radiostudio, Mian Mian hat ihre eigene Radioshow: »Zum Tanzen braucht es keine Disco«, so der Titel, denn es herrsche eine zu negative Stimmung in den Klubs, die Leute würden zu viel trinken, es brauche einen neuen Lebensstil, erklärt sie.

In ihrem jüngsten Roman sind die Akteure ruhiger geworden, sie suchen nach dem tieferen Sinn des Lebens, nach der wahren Liebe. »Jeder braucht ein Zuhause, will einen treuen Partner, aber das Leben ist grausam, erwarten wir nicht zu viel von den Menschen. Gier, Eifersucht, Arroganz, Dummheit – all diese Emotionen spielen in Liebesbeziehungen hinein. Deshalb sage ich, Liebe endet immer in einer Illusion, es ist eine unmögliche Aufgabe«, sinniert die frühere Partykönigin und es klingt wie eine Warnung an die jüngste Generation, die eben erst beginnt, die schöne, neue Welt zu entdecken.

»Der chinesische Konsum bleibt die Geschichte des Jahrzehnts«

Die jüngste Generation ist vor allem eines gewohnt: rasantes Wachstum, spektakulären Wandel und die verführerischen Versprechen der neuen Konsumkultur. Die pragmatischen Schanghaier arbeiten hart für den wirtschaftlichen Erfolg. Ihr Fokus ist klar: Sie wollen sich nicht einfach nur das Nötigste leisten können, sie wollen sich Stil kaufen. Es ist immer noch eine große Minderheit, die das kann, doch die Stadt mit dem Angebot eines Schlaraffenlandes lässt auch die, die weniger haben, träumen.

In diesem Jahrzehnt wird sich das verfügbare Einkommen von Herrn und Frau Zhang laut einer McKinsey-Studie verdoppeln. Sie werden dann so viel zur Verfügung haben wie ein Südkoreaner. Aber deutlich weniger als ein Amerikaner oder ein Japaner. Das niedrige Ausgangsniveau ergibt jedoch ein großes Steigerungspotenzial.

Der ehemalige Chef von Goldman Sachs Asset Management, der als Erfinder des Akronyms BRIC berühmt wurde, sagt: »Inzwischen hängt die chinesische Wirtschaft mehr vom Binnenkonsum als von der Industrieproduktion ab.« Daraus ergibt sich für ihn: »Der chinesische Konsum bleibt die Geschichte des Jahrzehnts.«

»Schanghai: Stadt der Zukunft« – für diese Reportage haben wir auch eine neue Bildsprache gesucht. Nathan, der amerikanische Kameramann, ist innovativ und kompromisslos, einer der begabtesten Kameramänner, mit dem ich je zusammengearbeitet habe. Bis tief in die Nacht arbeitet er, filmt im Zeitraffer poetische Unschärfen, Menschen rastlos in der Megacity. Er versucht festzuhalten, was wir spüren; Schanghai ist ständig in Bewegung, gegenwartsorientiert und zukunftssüchtig. Nathan filmt mit einer Canon 7D, einer digitalen Spiegelreflexkamera mit Vollformatsensor, die eine besonders hohe Auflösung zulässt. Die Intensität der Farben, die Tiefenschärfe ergeben Bilder, wie ich sie bisher nicht gesehen habe. Als die ersten Bilder in Zürich über den Server laufen, schreibt mir der Serienverantwortliche aus Zürich: Alle wollen wissen, wie der Kameramann arbeitet. Das ist neu. Das ist die Zukunft.

Ich bin nicht von Anfang an begeistert. Als ich nach dem ersten Drehtag nachts im Hotel die Bilder anschaue, bin ich beunruhigt. Alles bewegt sich, meine Interviewpartner, sogar die Häuser, als würden sie atmen. Ich klopfe an Nathans Türe. »Können wir morgen nicht das Stativ mitnehmen?« Nathan öffnet zwei Fläschchen aus der Minibar. Wir reden über Bildsprache, über das, was wir vermitteln wollen mit dieser Reportage, über das, was die Stadt symbolisiert. »Du musst mir vertrauen«, sagt er. Und das tue ich auch.

Mein letzter Besuch gilt Ma Qingyun, dem erfolgreichen Architekten. In einem futuristischen Gebäude, dessen Fassade neongrün strahlt, treffe ich ihn umgeben von Architekturstudenten und der High Society der Stadt. Ma Qingyun will China reformieren und hält in Schanghai Vorträge über bessere Architektur.

Nirgendwo wird so viel gebaut, doch die Bauten seien oft langweilig und unfunktional, Schanghai müsse auch da eine Vorreiterrolle übernehmen. Von der Decke hängen seine Skizzen. Entwürfe von Projekten, die mit einem Strich verändert werden können, um den neuen Anforderungen der Stadt zu genügen. Hier sehe ich Ma Qingyuns Vision der Zukunftsmetropole.

Nirgendwo auf der Welt seien die Menschen so anpassungsfähig wie in China, sagt der Architekt. Vor allem die jungen Schanghaier kennen nur die Veränderung. »In zwanzig Jahren werden in Schanghai überall Hochhäuser und Türme stehen, die ganze Stadt wird aussehen wie heute die Skyline des Finanzviertels Pudong. Das romantische Schanghai wird verschwunden sein. Wir müssen die zukünftige Generation entscheiden lassen, was romantisch ist. Aber es wird sicherlich etwas sein, das wir nicht wiedererkennen.«

Zum Abschluss besuche ich noch einmal den Bund, wo Menschen aus ganz China an der Uferpromenade am Huangpu-Fluss flanieren und die progressivste Stadt im Land bestaunen. Wir filmen, wie Familien aus ländlichen Provinzen des Landes sich vor der Skyline ablichten lassen, vor glitzernden Hochhäusern mit futuristischen Formen, laut Ma Qingyun eine Vorschau auf das, was kommen werde in der ganzen Stadt und irgendwann in ganz China.

Ich reise wiederum mit dem Zug zurück nach Peking. Im Schnellzugtempo fahre ich durch die chinesische Geschichte der letzten fünfunddreißig Jahre. Ich fahre von Schanghai nach Peking. »In Schanghai dreht sich alles nur ums Geld«, sagen meine Pekinger Freunde. Doch Kritik aus Peking kümmert die Schanghaier wenig. Sie waren schon immer eine eigene Gesellschaft, die sich mehr für den Rest der Welt interessierte als für ihre Landsleute. Die Schanghaier sind stolz darauf, moderner zu sein als der Rest des Landes. Sissi Zheng, meine Schanghaier Produzentin sagt mir: »Während sich die Pekinger überlegen, was sie sagen dürfen und was nicht, weil es politisch so strikt ist, haben die Schanghaier schon lange alles in verschiedenen Sprachen diskutiert.«

Zurück in Peking erhalte ich eine E-Mail von Mian Mian. Sie bedankt sich für meinen Besuch und schickt mir den Song »Fiction City«, den sie getextet hat. »Shanghai is a fiction, Shanghai is a female – Shanghai is plastic fantastic«, haucht Mian Mian ins Mikrofon. Ist das Schanghais Zukunft?

Sichuan – ein Erdbeben erschüttert ein Land

»Sie lebte sieben Jahre glücklich auf dieser Welt.«

Mutter eines Mädchens,
das beim Erdbeben von Sichuan umgekommen ist

»Die Wahrheit ist die Grundlage für Gerechtigkeit. Die Regierung sagte uns, die Namen der toten Kinder seien Staatsgeheimnis. Das ist absurd. Wir müssen selber recherchieren, die Regierung ändert sich nicht.«

Ai Weiwei, Künstler und Aktivist

Das Bild hinter Bundesrätin Doris Leuthard bewegt sich hin und her. Ganz leicht nur, fast unmerklich. Ich bin irritiert und versuche mich auf die Worte der Schweizer Wirtschaftsministerin zu konzentrieren, die im Mai 2008 nach Peking gekommen ist, um über das Freihandelsabkommen zwischen der Schweiz und China zu verhandeln.

Nach dem Interview in der Schweizer Botschaft schalte ich mein Mobiltelefon wieder ein und realisiere schlagartig: Der Grund für meine optische Irritation ist nicht mein Schlafmangel, sondern ein heftiges Erdbeben, das die Provinz Sichuan eben erschüttert hat. Die Erdstöße der Stärke 7,8 und 8,0 sind sogar in der 1500 Kilometer entfernten Hauptstadt zu spüren.

Nur wenige Stunden später werde ich live aus Peking der Tagesschau zugeschaltet, während ich meine Reise nach Sichuan organisiere. Mein Mann Tomas ist für CNN bereits ins Katastrophengebiet abgeflogen. Ich muss also einen eigenen Kameramann suchen. Doch innert einer Stunde nach dem Erdbeben sind bereits alle Freelancer in Peking und Schanghai ausgebucht. Auch meine Anfrage bei einer Produktionsfirma in Singapur ist vergebens. Alle Korrespondenten und Kameraleute in der Gegend sind unterwegs in die Provinz im Südwesten von China.

Die Hotel- und Flugbuchungen habe ich reflexartig ohne Absprache mit Zürich gemacht, doch bin ich noch immer ohne Kameramann. Erst am dritten Tag nach der Katastrophe komme ich in der Provinzhauptstadt Chengdu an, am Abend soll der erste Bericht auf dem Sender sein. Vom Flughafen aus fahre ich direkt ins Katastrophengebiet. Mit dabei sind meine Assistentin Sophie und Guillermo, ein spanischer Kameramann, mit dem ich noch nie zuvor gearbeitet habe. Bei einem solchen Einsatz ist das Team enorm wichtig.

Innert Sekunden hat das Beben Tod und Verwüstung über ein Gebiet gebracht, das mehr als doppelt so groß wie die Schweiz ist. Über zehn Millionen Häuser und Gebäude sind in sich zusammengefallen, Erdrutsche haben ganze Dörfer verschluckt, Zehntausende werden lebendig begraben und fast sechs Millionen Menschen sind auf einen Schlag heimatlos.

Tomas ist bereits in der Stadt Mianyuan. Ich soll dort beginnen, rät er mir, als ich ihn nach der Landung anrufe. In der fünfzig Kilometer vom Epizentrum entfernt liegenden Stadt herrscht Chaos. Vier Außenbezirke sind vom Stadtzentrum abgeschnitten, 80 Prozent der Häuser zerstört. Über 8000 Menschen seien in dieser Region ums Leben gekommen und 18 000 noch immer unter den Trümmern begraben, heißt es. Drei Tage nach dem Erdbeben wird der schreckliche Verdacht überboten: Die Opferzahl ist weit größer als zuerst angenommen.

Die Menschen flüchten ins Stadtzentrum, in der Hoffnung, hier eine provisorische Unterkunft zu finden. Hunderte von Menschen suchen verzweifelt nach ihren Angehörigen. Das Sportstadion der Stadt wird in ein Flüchtlingszentrum umfunktioniert. Über 10 000 Menschen sind hier einquartiert. Vor dem

Stadion wird Reissuppe verteilt. Die Menschen hier sind untröstlich. Sie haben Angehörige verloren. Viele ihr einziges Kind – wie Yin Lin. »Mein Sohn war acht Jahre alt. Er ist gestorben, als das Schulgebäude eingestürzt ist. Ich weiß nicht, wie ich mit diesem Schmerz weiterleben soll.« Der Vater sitzt daneben auf einer Wolldecke. »Ich wäre lieber selber gestorben und mein Sohn noch am Leben. Ein Kind sollte nicht vor den Eltern sterben. Wir haben nichts mehr.«

Als es dunkel wird, fahren wir zurück nach Chengdu. Wir checken im Hotel ein, wo der ganze Medientross einquartiert ist. Hier gibt es fließendes Wasser und Elektrizität. Nur ein paar Stunden vom Katastrophengebiet entfernt fühlt sich dieser Komfort merkwürdig an.

Die Arbeitsbedingungen sind belastend, doch die sechs Stunden Zeitverschiebung zwischen China und Europa arbeiten für uns. Wir drehen am Tag und schneiden in der Nacht. Wenn die Tagesschau in der Schweiz läuft, ist es in China halb zwei Uhr nachts. Es reicht also gut, wenn wir um neun Uhr abends Ortszeit mit unserem Bildmaterial zurück im Hotel sind. Als Erstes transkribiert meine Assistentin die Interviews, damit ich die besten Aussagen lokalisieren kann. Ich schreibe den Text und Guillermo überträgt die Bilder in den Computer. Wir schneiden auf einem Laptop am kleinen Tisch im Hotelzimmer. Ich erkläre Guillermo die Storyline und den Text, er sucht die Bilder dazu und so fügen wir Szene für Szene die Bilder und Interviews zu einer Geschichte zusammen. Vor der Vertonung schicke ich den Text nach Zürich. Der Tagesproduzent überprüft Inhalt, Verständlichkeit und Ablauf. Nach dem Feedback aus Zürich spreche ich den Kommentar auf die Bilder, der Kameramann legt den Ton an und macht die Tonmischung. Der ganze Prozess für einen zweiminütigen News-Bericht dauert etwa zwei Stunden.

Dann kommt die Übermittlung des Beitrags nach Zürich über Internet. Je nach Signalstärke kann das mehrere Stunden dauern. Das Internet ist der unberechenbarste Faktor für uns Korrespondenten. Im Hotelzimmer teste ich gleich den Internetspeed, aber in Katastrophengebieten ist das Internet selten stabil. In Sichuan verfügte ich noch nicht über einen Bgan, eine kleine Satellitenschüssel, mit der man ohne Internet direkt mitten aus dem Katastrophengebiet übermitteln kann.

Während der Beitrag mit einer zu null tendierenden Geschwindigkeit über das Internet nach Zürich läuft – die Verbindung bricht immer wieder ab –, tigert Guillermo im Hotelzimmer auf und ab und murmelt spanische Beschwörungsformeln. Noch ist nicht klar, ob es der Beitrag in die Sendung schafft. Die Wartezeit verbringe ich damit, mit der einen Hand sanft den Computer zu streicheln, während ich an der anderen Hand nervös an meinen Fingernägeln nage. Zwischendurch bespreche ich mit Sophie den nächsten Tag. Wohin wir reisen, wie wir uns organisieren, welches die Themen sind, die wir abdecken wollen. Es ist ein Uhr nachts. Der Beitrag schafft es knapp in die Sendung.

Um sieben Uhr früh treffen wir uns in der Hotellobby. Ich will nach Beichuan, näher an das Epizentrum des Bebens. Unser Fahrer kommt mit leerem Tank, vor der Tankstelle erwartet uns eine eindrückliche Autokolonne. Wir warten eine Stunde. Ich schärfe dem Fahrer ein, am nächsten Morgen mit vollem Tank zu kommen, doch das nützt nichts, auch in den kommenden Tagen verbringen wir den Morgen in der Kolonne vor der Tankstelle.

Es ist nicht der beste Start in einen Tag voller Zeitdruck. Ich bin noch neu in der Provinz und kann daher schwer abschätzen, was vor uns liegt. Wir beginnen den Tag im Flüchtlingszentrum, um Anhaltspunkte zu finden für unsere Reise. Wir treffen ein Paar aus Beichuan, die als Wanderarbeiter in Chengdu schuften. Ihren fünfjährigen Sohn haben sie bei den Großeltern im Dorf zurückgelassen. Sie wissen nicht, ob er noch am Leben ist. Die Mutter hört, dass wir nach Beichuan wollen, und fragt, ob sie und ihr Mann mitkommen können. »Wir haben gehört, dass der Kindergarten in unserem Dorf eingestürzt ist, unser Sohn war dort. Wir konnten bis jetzt noch nicht zurück, um unser Kind zu suchen. Die Straßen sind verschüttet. Wir wissen nicht, ob unser Kind noch lebt«, die Eltern sind verzweifelt.

Wir fahren los, am Straßenrand obdachlose Menschen, die versuchen, ihr Hab und Gut aus den Trümmern zu bergen. Nach einer Stunde kommen wir an eine Straßensperre der Polizei. Nur die Ambulanz und Militärfahrzeuge dürfen passieren. Wir wollen weiter. Die Eltern auch, jede Minute zählt. Zu Fuß umgehen wir die Straßensperre weiträumig und stapfen durch die Trümmer im Feld. Die Polizei beachtet uns nicht weiter, das Chaos ist zu groß. Von der Straße aus winken uns junge Männer auf Motorrädern zu. Der Deal ist schnell gemacht. Die Eltern teilen sich einen Rücksitz, mein Team und ich verteilen Kameraausrüstung, Stativ und Rucksäcke auf drei weiteren Motorrädern. Je schneller sie ihr Dorf erreichen, desto größer sei die Chance, ihren Sohn noch lebend zu finden, sagt Vater He Jiong. Auf vier Motorrädern fahren wir los. Es ist eine Reise ins Ungewisse.

Je weiter wir in dem Landkreis Beichuan vordringen, desto schwieriger ist es durchzukommen. Tausende von Soldaten sind im Einsatz. Sie räumen die Trümmer von der Straße und versuchen Überlebende zu finden, doch die meisten Menschen, die sie bergen, sind tot. Die Hilfskräfte dringen nur langsam in die am stärksten betroffenen Gebiete vor, denn die Straßen sind durch Erdrutsche unpassierbar geworden.

Am Straßenrand arbeiten Rettungskräfte im Wettlauf mit der Zeit. Seit drei Tagen sind Sanitäter, Ärzte und Krankenschwestern unter härtesten Bedingungen im Einsatz. Sie sind völlig übermüdet: »Wir tun unser Bestes, aber wir haben viel zu wenig Personal und die Zeit läuft uns davon. Wir haben schon Hunderte von schwer verletzten Menschen behandelt. Und es werden immer mehr. Unzählige Menschen sind hier gestorben, wir wissen nicht, wie viele wir noch retten können«, sagt ein junger Arzt.

Die Eltern, die mit uns reisen, fragen Soldaten, Rettungskräfte und Ärzte nach ihrem Kind, die Mutter trägt ein Foto bei sich. Niemand weiß etwas, niemand hat den Kleinen gesehen in diesem

Chaos, alle sind am Anschlag. Die Mutter bricht zusammen, sie setzt sich an den Straßenrand, sie will nicht weiter. Ich kann nichts für sie tun. Wir fahren weiter. Nach einer halben Stunde liegt Beichuan vor uns. Die völlig zerstörte Stadt liegt in einem Tal, umgeben von grünen Bergen und fruchtbarem Land. Diese Hänge haben den Tod gebracht, da sie als Geröll, Schlamm und tonnenschwere Felsen während des Bebens ins Tal donnerten. Die Gebäude sind wie Kartenhäuser umgekippt und haben Tausende von Menschen unter sich begraben.

Die Mittelschule 1 von Beichuan liegt etwas oberhalb des Dorfzentrums. Das fünfstöckige Gebäude ist in sich zusammengefallen, das Erdbeben hat die fast 3000 Kinder, die sich in der Schule befanden, überrascht. Die Rettungsmannschaften versuchen Kinder zu finden, die noch am Leben sind. Die verzweifelten Eltern warten vor den Trümmerhaufen. »Mein Sohn hat hier studiert. Er ist erst 16 Jahre alt. Ich will ihn sehen, auch wenn er tot ist«, weint eine Mutter. In die Trauer mischt sich Wut.

Eine Mutter zeigt auf eines der intakten Gebäude, das zwei Meter von der Mittelschule entfernt steht und in den 1950er-Jahren gebaut wurde. Die Mittelschule 1, ein Bau aus dem Jahr 1993, wurde jedoch im Schnelltempo errichtet, wie so viele seit Beginn des rasanten Aufschwungs. Es sei ein Zufall, dass nur die Schule einstürzte, sagen die Lokalbehörden später. Doch die Eltern in Beichuan und in vielen weiteren Orten akzeptieren solche Erklärungen nicht. Sie wollen die Wahrheit. Denn in Sichuan sind mehr als 14 000 Schulen eingestürzt.

Wir gehen zu Fuß ins Tal, laufen durch die verwüstete Stadt. Wir filmen die Bergungsarbeiten der Hilfskräfte und der Armee, wir sprechen mit Menschen, die nach ihren Angehörigen suchen. Eine lange Flüchtlingskolonne kommt uns aus der Stadt entgegen. Süßlicher Leichengeruch dringt in die Nase. Es riecht nach Tod. Sophie, meine Assistentin, will nicht weiter mit in die Stadt. Sie hat Angst. Plötzlich beginnt die Erde zu beben. Ein Armeekommandant brüllt: »Flüchtet aus der Stadt!« Die Menschenmasse rennt und wir rennen mit. Es besteht die Gefahr, dass die beschädigten Häuser um uns herum einstürzen. Es ist eines der starken Nachbeben.

Die Flucht über die Trümmer scheint mir langsam, obwohl sich alles innerhalb von Sekunden abspielt. Guillermo rennt vor mir. »Keep rolling«, rufe ich ihm zu. »Of course!« Es ist der Instinkt eines News-Kameramannes. Während wir rennen, klemmt er die Kamera so unter den Arm, dass das Objektiv nach hinten zeigt. Er schaut kurz über die Schulter, ich nicke ihm zu. Das ist es, was wir tun: Wir dokumentieren, was wir sehen und hören. Was ich verwende, entscheide ich später am Schnittplatz, im Zweifelsfall in Absprache mit der Redaktion. Da gibt es klare Richtlinien: Keine pietätlosen Bilder dürfen über den Sender.

Wir müssen zurück ins Hotel. Auf dem Motorrad fahren wir durch die Trümmerlandschaft an obdachlosen Menschen vorbei zur Straßensperre, wo unser Auto wartet. Auf der Fahrt zum Hotel beginne ich den Text zu schreiben, Guillermo überträgt die Bilder. An diesem Abend soll ich live in die Tagesschau.

Für eine Live-Schaltung brauche ich einen Satellitentruck und der einzige in Sichuan befindet sich mindestens eine Stunde von meinem Hotel entfernt. Und wieder arbeiten wir gegen die Zeit. Als wir im Hotel den Beitrag für 10vor10 – eine andere Newssendung des Schweizer Fernsehens – fertig geschnitten haben, mache ich mich auf den Weg. Es ist Mitternacht, ich habe nur eine vage Ahnung, wo sich der Satellitentruck befindet, irgendwo außerhalb eines Dorfes im Landkreis Huanwang auf einem Feld, auf dem die ARD ihre Zelte aufgeschlagen habe. Um halb zwei Uhr morgens sollte ich mit der Live-Schaltung auf Sendung sein. Um ein Uhr bin ich in der Nähe des Dorfes, doch ich fahre an eine Straßensperre. Nichts hilft, kein ruhiges Verhandeln, kein inbrünstiges Bitten, kein aufgebrachtes Drängen.

Ich rufe den Produzenten in Zürich an. Es werde knapp, falls ich es überhaupt schaffe. Ich steige aus dem Auto und biete den Sicherheitsbeamten an, ihm meinen Pass zu überlassen, als Garantie dafür, dass ich in einer Stunde zurückkehren werde. Als das nichts hilft, drohe ich, zu Fuß weiterzugehen. Der einzige Weg, mich zu stoppen, sei mich zu verhaften. Ich tauche unter der Straßensperre durch und marschiere los. Das scheint den Männern wohl doch etwas zu umständlich, sie öffnen die Schranke und lassen mein Auto durch – zu meiner riesigen Überraschung!

Wir rasen dem Dorf entgegen, es ist fünf Minuten vor halb zwei. Das Feld mit dem Satellitentruck ist nicht zu übersehen. Ich springe aus dem Auto und renne los, so schnell ich kann. Ein deutscher Kameramann wartet bereits, alles ist bereit, die Kamera läuft, der Schweinwerfer geht an. Ich blinzle in das grelle Licht. Der Kameramann steckt mir das Mikrofon an und übergibt mir den Ohrwurm. Ich bin mit Zürich verbunden. Der Techniker im Studio in Leutschenbach will eine kurze Sprechprobe, dann werde ich ins Studio geschaltet. Ich höre Katja Staubers Stimme. Die Tagesschau läuft. »Barbara Lüthi in Sichuan…« Was ich gesagt habe, daran erinnere ich mich nicht mehr. Aber es muss atemlos geklungen haben. Viel ist geschehen an diesem Tag, meine Gedanken rasen, dazu kommt das Adrenalin. Die Fakten habe ich im Kopf, die Eindrücke im Herzen.

Nach zwei Minuten ist die Schaltung vorbei, ich höre die Stimme des Produzenten: »Schön, dass du es geschafft hast. Vielen Dank und gute Nacht.« Das Licht geht aus. Ich setze mich im Dunkeln auf das Feld. Es war ein langer Tag. Um halb vier Uhr früh bin ich im Hotel, um sieben Uhr sind wir wieder unterwegs. Noch immer sind Zehntausende Menschen unterwegs aus ihren zerstörten Dörfern ins Nirgendwo. Überall entstehen provisorische Zeltstädte, es fehlt an allem, vor allem an Trinkwasser. Militärhubschrauber landen im Katastrophengebiet. Die chinesische Regierung hat mit einem Großaufgebot reagiert, 100 000 Soldaten der Volksbefreiungsarmee sind im Einsatz, auch ausländische Rettungskräfte treffen ein.

Die Zahl der Toten steigt täglich. Sie wird schließlich auf über 87 000 klettern, fast 18 000 davon bleiben vermisst. Eine Bilanz des Schreckens. Immer wieder treffen wir Eltern auf der Suche nach ihren Kindern und solche, die ihre Kinder tot wissen. Auch in der

Kleinstadt Hanwang ist die Schule eingestürzt und hat über 1000 Kinder und Jugendliche begraben. Als wir im Ort eintreffen, sitzen die Eltern hoffnungslos auf den Trümmern, sie haben tagelang mit bloßen Händen nach ihren Kindern gegraben. Zwei sind lebend geborgen worden, doch es ist bereits der fünfte Tag nach dem Beben. Von der Schulleitung habe sich niemand gemeldet. Auch die Behörden sind nicht vor Ort erschienen.

Abseits liegen Leichensäcke, da warten die Eltern, die ihre Kinder identifizieren wollen. Wegen Chinas Einkindpolitik verlieren viele ihr einziges Kind. Eine Mutter weint still vor sich hin. Ihre Tochter war 18, zu jung, um zu sterben. »Ich habe in den letzten Tagen so viele tote Jugendliche gesehen, ich glaube nicht mehr daran, dass meine Tochter noch lebt. Alles was ich jetzt noch tun kann, ist hier auf sie zu warten und dann ihren Körper zu begraben.«

»Die Schule wäre nicht eingestürzt, wenn sie richtig gebaut hätten«, klagt ein Vater an, und fragt weiter: »Warum sind in so vielen Orten die Schulen eingestürzt, aber die Gebäude danebennicht?« Es ist eine Frage, die das Land noch lange beschäftigen wird. Auch in Hanwang haben die Gebäude gleich neben der Schule die Erdstöße überstanden. Die Regierung in Peking verspricht, eine Untersuchung einzuleiten. Sollte man herausfinden, dass die Schulen nicht erbebensicher gebaut wurden, erwarten die Verantwortlichen harte Strafen, bis hin zur Todesstrafe.

Die Tofuschulen, wie sie später genannt werden, werden zum Symbol für die Gier lokaler Parteikader und die Vertuschungstaktik der Regierung. Die Angst vor den beschädigten Staudämmen in der Gegend lässt Fragen am chinesischen Turboaufschwung laut werden.

»Warum sind ausgerechnet Schulen eingestürzt?«

Zwei Monate nach dem Erdbeben kehre ich nach Sichuan zurück, wo die Eltern noch immer auf die Ergebnisse der Untersuchung warten. Ich fahre in die Stadt Mianzhu. Als ich mich der Fuxin-Grundschule nähere, steigt mir der Geruch von Räucherstäbchen in die Nase. Eltern sitzen vor einem Schrein, den sie aufgebaut haben mit den Fotos ihrer lachenden Kinder. Manchmal verbrennen sie auch Papiergeld, oder sonstiges, das ihre Kinder im Jenseits brauchen können, sagt eine Mutter. Dann weht der Wind angesengte Papierfetzen über die Trümmer und durch die Straßen der Stadt – Boten der Trauer.

127 Kinder starben, als die Fuxin-Grundschule innerhalb von zehn Sekunden einstürzte. Die umliegenden Gebäude sind fast unbeschädigt stehen geblieben. Die Eltern hier hegen wie viele andere den schrecklichen Verdacht, dass beim Bau der Schulen Geld von den Lokalbeamten abgezweigt worden ist. Die Lokalbeamten hätten in die eigene Tasche gewirtschaftet und somit das Leben ihrer Kinder gefährdet.

In verschiedensten Kleinstädten haben die Eltern gegen Baupfusch und Korruption demonstriert. Die Proteste wurden von der Polizei aufgelöst. Einige der Eltern wurden vorübergehend verhaftet. »Die Regierung hat versprochen herauszufinden, warum nur die Schule eingestürzt ist. Wir sitzen hier jeden Tag und warten auf Gerechtigkeit«, sagt mir eine Mutter vor der Fuxin-Schule.

Ein Polizist sieht uns und kommt auf uns zu. Wir dürften hier nicht filmen, sagt er. Er hält die Hand in die Kamera. Tomas filmt weiter. Wenn wir die Schule nicht verlassen, rufe er die Staatssicherheit, warnt der Polizist. Wir gehen, doch wir haben mit den Eltern bereits einen Ort abgemacht, an dem wir sie später treffen können.

Ein paar Stunden später treffe ich sechs Elternpaare in einer kleinen Wohnung. Sie müssten vorsichtig sein, sagen sie, jüngst sei ein Mittagessen der Trauernden aufgelöst worden mit der Warnung der Sicherheitsbeamten, dass illegale Versammlungen von Gesetzes wegen verboten seien. Petitionen machen die Runde, einige der Eltern ziehen es in Erwägung, die Lokalbehörden anzuklagen.

Präsident Hu Jintao und Premier Wen Jiabao zeigen sich als Zeichen des Mitgefühls im Staatsfernsehen mit Kindern in Zeltklassenzimmern und versprechen, die Ursache der Tragödie zu untersuchen.

Doch einigen Anwälten, welche die Eltern gegen die Lokalbehörden vertreten, wird angedroht, dass sie ihre Lizenz verlieren.

Der Verdacht, dass die Lokalbehörden gespart, geschummelt und gepfuscht haben, verhärtet sich. Obwohl erdbebensicheres Bauen vorgeschrieben ist, müssen alle Beteiligten gewusst haben, was vor sich ging und dass bestimmtes Geld für den Schulbau abgezweigt wurde. Für viele Experten gibt es keinen Zweifel am Baupfusch. In Chengdu treffe ich einen chinesischen Architekten, der viele der eingestürzten Schulen besucht hatte. An den Trümmern erkenne er, dass billigstes Baumaterial verwendet worden sei. Gespart wurde an den Stahlverstärkungen im Beton, und der Zement wurde mit Sand gestreckt.

»Es gibt klare Bauvorschriften für Schulen. Deren Einhaltung müsste von den zuständigen Lokalbehörden überprüft werden. Doch ich zweifle stark daran, dass diese Kontrolle funktioniert hat bei den Schulen. Die Zentralregierung muss das jetzt untersuchen«, fordert der Architekt.

Während Peking das Volk über das nationale Fernsehen zu beruhigen versucht und es bittet, der Regierung bei der Aufarbeitung zu vertrauen, wird den chinesischen Journalisten nahegelegt, die Korruptionsvorwürfe nicht weiter zu verfolgen. Die renommierte Zeitung »Nanfang Zhoumo« recherchiert trotzdem. Sie deckt auf, dass die Baupläne für die Fuxin-Grundschule von einem anderen Gebäude übernommen wurden. Die örtlichen Baubehörden setzten ein Stockwerk obendrauf und sparten so Kosten für einen Architekten und zudem bei den Baumaterialien. Der Architekt, der die Pläne für eine ganz andere Schule entworfen hatte, erfuhr erst zwanzig Jahre nach dem Bau von den Journalisten davon. Seine Nichte ist in der Fuxin-Grundschule ums Leben gekommen.

So wie die Kinder der Eltern, die ich an diesem Nachmittag in der kleinen Wohnung interviewe. Sie hoffen noch immer auf die Untersuchung der Zentralregierung: »Wir müssen wissen, wer schuld ist am Tod unserer Kinder und dass der Staat sich seiner Verantwortung bewusst ist. So können wir diese Tragödie besser akzeptieren.«

Es gibt nur einen Offiziellen, der öffentlich Verantwortung übernimmt: Lin Qiang vom Erziehungsamt der Provinz Sichuan gesteht die Mitschuld des Staates an der Tragödie ein, weil dieser keine besseren Schulen bauen ließ. Die Wahrheit zu suchen sei wichtiger, als das Gesicht zu wahren. Er stehe zu seiner Verantwortung und lehne daher die Ehre ab, vor den Olympischen Spielen die Fackel durch die Provinz zu tragen, sagt Li Qiang in einem Interview mit der Zeitung »Nanfang Zhoumo«.

Auch drei Monate nach dem Beben hatte die Regierung noch keine Ergebnisse der Untersuchung zur Bauqualität von Schulen veröffentlicht. Auch die Anzahl der getöteten Kinder wurde nicht kommuniziert.

Ai Weiweis Liste

Einer machte es sich zur Aufgabe, die toten Kinder von Sichuan aus der Anonymität zu holen. Ich treffe Ai Weiwei in seinem Studio in Peking. Der Künstler hatte ein Projekt gestartet, das weltweite Beachtung fand, Thema einer Ausstellung in München wurde und ein Frontalangriff auf die chinesische Regierung war.

Ai Weiwei fing an, die Namen der toten Kinder zu recherchieren. Bald folgten ihm Hunderte Freiwillige. Bei seiner Suche nach der Wahrheit vereinte er Menschen, die mitreden wollen und die nicht bereit sind zu akzeptieren, was ihnen aufgetischt wird. »Das Entstehen der Zivilgesellschaft steht in China ganz am Anfang, aber es wird das Fundament sein für eine Veränderung. Die Veränderung wird aber nicht ohne Schmerzen kommen«, prophezeit der Künstler.

An einer Wand in seinem Studio hängen Listen mit den Namen der toten Kinder. Die Recherchen erweisen sich als schwierig, erzählt er. Die Freiwilligen, die in Sichuan unterwegs sind, um die Eltern aufzusuchen und Informationen zusammenzutragen, werden von den örtlichen Behörden behindert. »Unsere Leute werden festgenommen, verhört und abtransportiert. Unsere Bilder und Informationen werden gelöscht oder konfisziert. Die Wahrheit ist die Grundlage für Gerechtigkeit. Die Regierung sagte uns, die Namen der toten Kinder seien Staatsgeheimnis. Das ist absurd. Wir müssen selber recherchieren, die Regierung ändert sich nicht«, ist Ai Weiwei überzeugt.

Zahlreiche Eltern und Freiwillige, welche die Ursache der kollabierten Schulen zu recherchieren versuchen, werden vorübergehend festgenommen. Westliche Journalisten werden von den Lokalbehörden am Arbeiten gehindert und aus der Provinz gewiesen. Chinesischen Journalisten wird ein Maulkorb verpasst.

Doch eine Naturkatastrophe ist eine öffentliche Angelegenheit und die Menschen pochen auf ihr Recht auf Information. Ein Recht, das für die Regierung im Zeitalter des Internets immer schwieriger zu unterbinden ist. Mit Ai Weiweis Projekt hat sich gezeigt, wie sehr sich die Menschen involvieren lassen und Anteil nehmen. Ai Weiwei nützt dabei die neuen Medien. Sie sind Teil seiner Kunst. Er sei ein aktiver Künstler, weniger ein politischer. Es liege am System, dass alles zu einer politischen Aussage werde, da freie Meinungsäußerung nicht erlaubt sei.

Die Listen der getöteten Kinder veröffentlicht er schließlich auf seinem Blog, der jedoch schon bald gesperrt wird. Der Künstler kommuniziert weiter über Twitter und chinesische Kurznachrichtendienste. Auch diese Konten werden von der staatlichen Internetzensur immer wieder gesperrt.

»Wir vermissen unser Kind so sehr«

Meine weitere Berichterstattung zu Sichuan gilt dem Wiederaufbau. Vier Monate nach dem Erdbeben besuche ich die Zeltstädte, in denen die Familien versuchen, etwas Normalität in ihren Alltag zu bringen. Für immer in Erinnerung bleiben wird mir ein kleines Mädchen, das vor einem Zelt an einem Klapptisch sitzt und malt.

Was sie male, frage ich sie. »Krankenschwestern und Ärzte, denn ich will einmal Ärztin werden.« »Warum?«, frage ich weiter. »Damit ich beim nächsten Erdbeben Menschen retten kann.«

Rund fünf Millionen Menschen sind von den Zelten in Barackensiedlungen umgezogen, welche die Regierung in kürzester Zeit bauen ließ. Für die Obdachlosen wurden Lebensmittel, Kleidung und medizinische Versorgung organisiert.

Zwischen den Notunterkünften pflanzen die Bauern Gemüse und mahlen Korn. Garküchen und Straßenhändler haben um die Barackendörfer den Betrieb aufgenommen. Es ist eine chinesische Eigenschaft, das Schicksal zu erdulden und sich zu arrangieren mit dem, was man hat.

»Zuerst bauen wir Häuser, dann das Straßennetz und dann kommt die Industrie«, sagt mir die Leiterin des Wiederaufbaukomitees, die mich durch das Barackendorf führt. »Doch die sozialen Netzwerke, welche die Städte wirtschaftlich erfolgreich gemacht haben, die sind verloren. Sichuan wird lange leiden.«

Ein Jahr nach dem Beben gleicht die Provinz einer Baustelle. In einem typischen chinesischen Kraftakt werden Hunderttausende Arbeiter organisiert, um die Infrastruktur wieder aufzubauen. Über 400 Milliarden Dollar wollen Zentralregierung, Provinzen und Unternehmen in Sichuan investieren. Es gibt auch Kritik am Krisenmanagement aus Peking. Mittel für den Wiederaufbau sollen veruntreut worden sein, so hätten sich die Provinzregierungen unter anderem Fuhrparks mit Luxuslimousinen angeschafft.

Ende 2011 sollen alle Erdbebenopfer in neue Häuser einziehen, bezahlen müssen sie nur Gas und Strom. Einige Städte werden an anderen Orten völlig neu aufgebaut. Die Menschen sind dankbar für die Regierungshilfe. Der Wiederaufbau wird von dem zuständigen Amt überwacht. »Wir haben neue Standards implementiert. Wir bauen die Häuser jetzt viel erdbebensicherer. Mit einem speziellen Management überprüfen wir den korrekten Aufbau«, versichert der Chefbeamte Zhang Jia. Der Wiederaufbau wird von den staatlichen Medien mit viel Lob auf die Regierung begleitet: Auf

Trümmern werden Träume gebaut, so der Grundton in sozialistischer Tradition.

Kein Thema mehr sind die vielen Schulen, die eingestürzt sind. Die Gerichte haben die Klagen der Eltern gegen die Bauschlamperei abgelehnt. Die Untersuchungen wegen Baupfusch wurden eingestellt. Doch nur die Wahrheit könne den Schmerz etwas lindern, sagt ein Vater. »Wir vermissen unser Kind so sehr. Wir haben keine Kompensation erhalten, doch am meisten schmerzt, dass die Regierung nicht wie versprochen die bestraft, die für den Kollaps der vielen Schulen verantwortlich sind. Eltern, die sich weiter wehren, werden verhaftet, weil wir die öffentliche Ordnung stören.« So macht das System aus Opfern Täter.

Die Angst vor der Erinnerung

Die Angst der Regierung vor dem Volkszorn scheint groß zu sein: Erst zum Jahrestag – am 12. Mai 2009 – gibt sie erstmals die Zahl der toten Kinder bekannt. 5335 sind nach offiziellen Angaben in den Trümmern gestorben. Die Eltern sind sich sicher, dass die Dunkelziffer höher ist. Der Kampf um die Wahrheit geht weiter und erreicht einen neuen Höhepunkt, als der Aktivist Tan Zuoren, der vor Ort für die Liste der getöteten Schulkinder recherchierte und sich um die Aufklärung der Geschehnisse bemühte, verhaftet wird. Der Aktivist sollte vor Gericht mundtot gemacht werden, er wurde (ein Jahr später) wegen »Anstiftung zur Untergrabung der Staatsgewalt« zu fünf Jahren Gefängnis verurteilt.

Ai Weiwei flog zum Prozess nach Chengdu. Die Polizei kam nachts in sein Hotelzimmer und schlug ihn so hart auf den Kopf, dass Spezialisten in Deutschland einige Monate später eine lebensgefährliche Hirnblutung feststellten und ihn sofort operierten. Der Künstler war in München, um eine Ausstellung vorzubereiten.

»Welches Licht wirft das auf unseren Staat, der sich anschickt, sein sechzigjähriges Jubiläum zu feiern, wenn dies die Antwort auf legale Nachforschungen ist?« Er könne sich die Behandlung zwar leisten, aber »Tausende Landsleute, die jedes Jahr von der Polizei misshandelt werden, können das nicht«, sagt der Künstler der »Zeit« in einem Interview nach seiner Operation.

Im Oktober 2009 eröffnet Ai Weiwei seine Ausstellung in München. Sein Werk »Remembering« befasst sich mit den toten Schulkindern aus Sichuan. An der Fassade vom Haus der Kunst befestigt sein Team Hunderte von Schulranzen. Sie bilden einen Satz, der ihm eine Mutter eines verstorbenen Mädchens in einer E-Mail geschickt hatte: »Sie lebte sieben Jahre glücklich auf dieser Welt«. Die Mutter hatte den Wunsch, dass man sich an ihre Tochter erinnert.

Das Werk »Remembering« wurde in China verboten, Weiweis Blog mit der Namensliste der toten Schulkinder blieb gesperrt. »Ohne einen Kampf wird sich die Menschenrechtsfrage nicht verbessern in China. Die Regierung verweigert jegliche Diskussion zu diesem Thema. Und so werden täglich die Rechte der Menschen verletzt. Ich glaube, dass eine Regierung, die sich weigert zu kommunizieren und ihre Fehler einzugestehen, eine gefährliche Regierung ist. Ich bin in diesem Land aufgewachsen, ich weiß, wozu dieses Regime fähig ist. Die Regierung braucht Gewalt, um Probleme zu lösen. Das Gesetz, die Konstitution gilt nicht. Ich habe die Hoffnung nicht aufgegeben, dass diese Regierung sich verändern kann, aber es wird sehr schwierig sein, ihr bewusst zu machen, dass es eine Veränderung braucht«, sagt Ai Weiwei.

In der Folgezeit wurden die zerstörten Städte wiederaufgebaut und die Kinder zogen in neue, erdbebensichere Schulen ein. Der Wiederaufbau war erstaunlich schnell abgeschlossen, die Regierung sparte nicht an Geld und Ressourcen. Man soll vorwärts schauen.

Doch um vorwärts zu schauen und zu vergeben brauchen die Eltern eine offizielle Anerkennung für ihren Schmerz, die Antwort auf ihre Fragen und eine öffentliche Entschuldigung. Doch so etwas hat die kommunistische Regierung nicht im Parteiprogramm.

Tischlein deck dich für 1,4 Milliarden Menschen

»Ich selber esse so wenig wie möglich. Es gibt zwar sichere Lebensmittel in China, aber die kann ich mir nicht leisten. Wer sicher essen will, muss genug Geld verdienen.«

Wu Heng, Journalist und Gründer der Webseite
»Wirf das Essen zum Fenster raus«

»Dem Volk ist das Essen der Himmel.«

Chinesisches Sprichwort

Für die Chinesen ist das Essen eine Obsession. Es gibt sogar chinesische Grußworte, die mit dem Essen zu tun haben: »Ni chi le ma« heißt: Hast du schon gegessen? Das gemeinsame Essen ist wie ein Klebstoff, der die Nation zusammenhält und die Menschen durch schwere Zeiten trägt. Fast immer, wenn ich eine chinesische Familie besuche, ist das mit einer Mahlzeit verbunden.

Die chinesische Küche spiegelt in vielerlei Hinsicht die Kultur der Nation. Jede Region hat lokale Spezialitäten und jedes Dorf bietet wiederum andere Varianten an. Vom Tier wird ausnahmslos alles verwertet und verspeist. Schweinsohren, Rindersehnen, Hühnerfüße und Entenköpfe: An allem wird gekaut und genagt. Einen Fischkopf auszusaugen bereitet vielen chinesischen Essern ein köstliches Vergnügen.

Doch auch in China gibt es große kulturelle Unterschiede in der Esskultur. Wie viele Europäer würden Nordchinesen viele Gerichte nie anrühren, die sie in südchinesischen Restaurants auf der Speisekarte finden. Die Küche der südchinesischen Stadt Guangzhou (Kanton) zum Beispiel bietet neben den üblichen Fleischsorten auch Insekten, Würmer, Schlangen, Schnecken und Hühnerfüße an. Oft wird im Zusammenhang mit den kantonesischen Essgewohnheiten das berühmte Zitat verwendet: »Kantonesen essen außer U-Booten alles, was schwimmt, außer Flugzeugen alles, was fliegt, und außer Tischen alles, was vier Beine hat.«

Meine News-Assistentin Siyun Zheng kam aus Guangzhou (Kanton). Siyun versuchte mich immer davon zu überzeugen, Hühnerfüße zu probieren. Ich bin sehr experimentierfreudig und habe auch schon auf dem Nachtmarkt Skorpion- und Zikadenspieße probiert, vor allem um meine Besucher aus der Schweiz zu schockieren, doch Hühnerfüße schaffte ich bisher nicht.

In den kantonesischen Restaurants steht die Eingangshalle oft voller Aquarien, in denen sich sämtliche Tierarten tummeln, die es in den Gewässern dieser Welt gibt. Man sucht sich sein Abendessen lebendig aus, wenig später hat man es gekocht, gegrillt oder gedämpft auf dem Teller. Vielleicht etwas gewöhnungsbedürftig für Europäer, aber gerade für Kinder eine wertvolle Lektion zum Thema »Wer steht wo in der Nahrungsmittelkette?«

Doch habe ich auch Dinge erlebt, die ich nicht akzeptieren konnte. Verspeisen bei lebendigem Leib fällt in diese Kategorie. In einem chinesischen Nobelrestaurant wurde mir ein Hummer serviert, der noch immer die Fühler bewegte, als die Kellnerin ihn auf den Tisch stellte. Das seien nur die Nerven, sagte sie, als sie mein entsetztes Gesicht sah. In dieselbe Kategorie wie lebendes Hummer-Sashimi gehören auch die »drunken shrimps«, Süßwassergarnelen, die erst in Alkohol mariniert und dann lebend verspeist werden. Je nach Rezept wirft man sie nach ihrem Baijiu-Bad auch zuerst in einen Topf mit kochendem Wasser – zumindest sind sie dann tot, bevor sie gegessen werden.

Chinesische Gastgeber mögen es, ausländische Gäste mit allerhand exotischen Überraschungen zu beeindrucken. Dazu gehört auch das Testen der Trinkfestigkeit. Besonders bei Geschäftsessen gehört das Kampftrinken dazu. Es gibt Ausländer, die den Trinkorgien gelassen gegenüberstehen. Da ist zum Beispiel mein Mann Tomas, der »als Tscheche das Bier mit der Muttermilch eingeflößt bekommen hat«, wie er den erstaunten Chinesen jeweils erklärt, die ihn vergeblich unter den Tisch zu trinken versuchen. Und da ist Claudia Masüger, die Schweizer Weinhändlerin in Peking, die einfach weiß, wie man richtig trinkt. Ihre Trinkfestigkeit ist auch existenziell: »Je mehr ich mit meinen Kunden trinke, desto mehr verkaufe ich«, sagt sie.

Man setzt sich um sechs zu Tisch, um halb sieben geht es los mit der ersten Runde Baijiu, um acht Uhr ist die chinesische Seite am Ende, der Ranghöchste steht auf und bedeutet mit einem kurzen »Ich bin betrunken« an, dass der Abend beendet ist. Ich habe meist tapfer mitgetrunken. Es waren die Abende, an denen sich das Bett drehte und ich sterben wollte.

Das Essen in einem chinesischen Restaurant hat einen hohen sozialen Aspekt. Alle Speisen werden geteilt. Mein Lieblingsrestaurant in Peking serviert Spezialitäten aus der Provinz Sichuan. Die Warteschlange davor ist lang, fast immer sind wir die einzigen Ausländer – ein gutes Zeichen. Das Lokal ist so laut, dass man sich anbrüllen muss, und die Luft so rauchig, dass die Augen tränen. Das Beste aber ist die »Ma La«-Komponente, was so viel heißt wie »betäubend scharf«. Wer hier isst, dem brennt der Mund vom Chili und Sichuanpfeffer. Die Lippen werden taub und die Nase kribbelt. Das Essen hier ist nichts für Weichlinge.

»Shui Zhu Yu«, im Wasser gekochter Fisch, und »La Zi Ji«, scharf gebratenes Huhn, gehören bei jedem Besuch dazu. Der Fisch wird im Sud serviert, bedeckt mit einer Schicht von Chilisschoten und Blütenpfefferkörnern. Die frittierten Hühnerstücke sind garniert mit einem riesigen Berg getrockneten, in Öl angebratenen Chilischoten. Es ist Essen, das glücklich macht.

Küche als Kampfzone

Bevor ich schwanger wurde, aßen wir meistens auswärts. Nun begann ich mich auch für das Kochen zu interessieren. Mein neu entdeckter Enthusiasmus wurde jedoch eines Tages abrupt gebremst, als unser Herd nicht mehr funktionierte. Es dauerte eine Ewigkeit, bis uns die Verwaltung einen neuen Ofen lieferte, der jedoch nicht in die Nische passte, die der alte hinterlassen hatte. Was als nächstes geschah, war so unglaublich wie bemerkenswert. Der Haustechniker verschwand und kam kurze Zeit später triumphierend mit einer Kettensäge zurück. Handelt es sich hier um chinesischen Pragmatismus oder einen Wahnsinnigen? Ich rief Tomas an.

Die Männer erklärten uns, dass sie einen Teil der Küchenkombination wegfräsen wollten, mitten durch einen der Einbauschränke und durch die Steinplatte auf der Ablage. Die Granitplatte lasse sich wohl nicht einfach zersägen, bemerkte ich. Er könne auch einen Vorschlaghammer organisieren, sagte derselbe Mann, der am Vortag drei riesige Löcher in meine Wohnzimmerwand gebohrt hatte, um ein Bild aufzuhängen.

Unseren Haustechnikern schien es an jeglichem Heimwerkerverstand zu fehlen. Das erstaunte mich, denn ich war die flinken Mechaniker in den Fahrradshops am Straßenrand gewohnt, die ein altes, kaputtes Fahrrad mit einer gebogenen Büroklammer in ein Neues verwandeln.

Weder Kettensäge noch Vorschlaghammer, ich wollte einen passenden Ofen und der kam auch wenig später. Als ich endlich meinen Fisch im Ofen hatte, funktionierte das Gas nicht. Ich gab schnell auf. Bei häuslichen Angelegenheiten zeige ich weit weniger Durchhaltewillen als bei journalistischen. Ich rief erneut die Techniker an, der selbe Mann kam. Nach der Erfahrung davor wäre ich nicht erstaunt gewesen, wenn er einen Bunsenbrenner aus der Hosentasche gezaubert hätte. Er brachte das Gas zum Laufen, die Flamme züngelte aus der Röhre. Doch leider nur so lange, bis er die Wohnung verließ. Ich rief ihn erneut an, wieder entfachte er die

Flamme – und wieder erlöschte sie in dem Moment, als die Türe ins Schloss fiel. Das Prozedere wiederholte sich genau dreimal: Der Ofen funktionierte nur in Anwesenheit des Haustechnikers.

»Gut, ich bleibe«, sagte er schulterzuckend und ohne Fragen zu stellen. Er holte sich einen Stuhl und setzte sich vor den Herd. Ich setzte mich neben ihn. Wir starrten durch die Glastüre des Ofens auf die Flamme und den Fisch. Wie ich den Fisch denn zubereite, wollte er wissen. »Einfach nur Fisch, mit kleinen Tomaten, Zitronenscheiben, Kräutern und Knoblauchzehen«, antwortete ich stolz. Der Mann schaute verwundert. »Keine Sauce? Keine Bohnenpaste, keine Chilis? Nichts, das dem Fisch Aroma gibt?« Ich schüttelte unsicher den Kopf. Er reagierte verblüfft: »Esst ihr alle den Fisch so? Essen alle Ausländer den Fisch trocken aus dem Ofen?« Ich schwieg betroffen. Das war eine Diskussion, die mir schwerer fiel als ein Interview mit einem Wirtschaftsprofessor oder einem Beamten. Die Küche ist meine Kampfzone.

Das schien er zu spüren. Freundlich lieferte er mir in den nächsten dreißig Minuten wohl sämtliche Fischrezepte, welche die chinesische Küche zu bieten hat. Es war ein beeindruckendes Repertoire an kulinarischen Köstlichkeiten, das er zum Besten gab. Ich war entzückt, denn Essen gehört zu meinen Hobbys.

Von schimmligem Öl und falschem Rindfleisch

Bisher hatte ich mir nie Gedanken darüber gemacht, was ich esse – trotz der Horrornachrichten über Pestizide im Gemüse, Melamin in der Milch, Wachstumshormonen im Fleisch und Chemikalien im Reis. Ich ließ mir den Appetit nicht verderben, sondern vertrat die eher fatalistische Ansicht: Ich weiß sowieso nicht, was ich esse, also esse ich, solange es schmeckt.

Die Lebensmittelskandale ließen mich erst als Mutter aufhorchen. Ich fing vermehrt an darauf zu achten, wo und was ich einkaufte und setzte auf Importe. Milchprodukte, Fleisch und

Gemüse kaufte ich in den Läden mit eingeführten Produkten oder in den Bio-Abteilungen der Supermärkte, wobei ich später lernte, dass nicht unbedingt Bio drin ist, wo Bio draufsteht.

Einigen dieser Lebensmittelskandale ging ich auch in meiner Berichterstattung für das Schweizer Fernsehen nach. Die Nachricht kam in den chinesischen Medien: Im Rahmen einer großangelegten Razzia schlossen die Behörden in Peking fast 5000 Restaurants und Lebensmittelfabriken. Über 2000 Restaurantmanager und Fabrikbesitzer wurden verhaftet. Die Behörden kündigten an, hart durchzugreifen. Der Skandal bestand darin, dass Restaurants billiges Schweinefleisch als teures Rindfleisch verkauften. Davor war das Schweinefleisch mit Chemikalien so präpariert worden, dass es optisch wie Rindfleisch aussah.

Ich mache den Test und kaufe ganz legal eine Büchse mit einem Präparat, das den verräterischen Namen Rindergel trägt. Es ist eine ätzend riechende, braune, dickflüssige Sauce. Das Produkt soll laut Packungsbeilage verschiedenste Fleischsorten in Rindfleisch verwandeln, sowohl farblich als auch von der Konsistenz her. Ich nehme ein Stück Schweinefleisch, lege es in die braune Lauge – und siehe da: Nach vierzig Minuten nimmt das Schweinefleisch die Farbe von Rindfleisch an. Ob auch die Konsistenz stimmt, überprüfe ich nicht. Das Produkt Rindergel enthält krebserregende Substanzen, wie ich herausfand.

Diese Geschichte war für mich der Anfang einer umfangreicheren Recherche in den verschiedensten Lebensmittelbereichen. Was wurde sonst noch alles gefälscht, verunreinigt und vergiftet? Einiges war schon bekannt: Nudeln, die mit Styropor gestreckt sind, Insektenspray, der als Konservierungsmittel verwendet wird, verseuchtes Mineralwasser und der Skandal um das »Gossenöl«, wie die Chinesen es nennen. Aus Profitgier hatten kriminelle Banden altes Kochöl aus dem Abwasser von Gaststätten gewonnen, zu Speiseöl aufbereitet und in den Verkauf gebracht. Altes Öl kann einen krebserregenden Schimmelpilz enthalten, der für Menschen tödlich sein kann.

Wie verunsichert die Konsumenten sind, zeigt sich auf meinem Lieblingsmarkt in Peking, wo ich oft einkaufe. Eine Untersuchung des Handelsministeriums zeigt, dass Gemüse, das auf dem Markt angeboten wird, oft Rückstände von Pflanzenschutzmitteln aufweist. »Ich kaufe nur Gemüse, das unter der Erde wächst und hoffe so, die Pestizide zu vermeiden«, sagt ein Mann. Und eine Frau, die einen Kohl in ihre Tasche steckt, bemerkt: »Ich habe gehört, dass sie das Gemüse grün einfärben. Zuhause lege ich alles erst einige Stunden in Salzwasser ein, um es zu reinigen. Ich traue den Lebensmitteln nicht, aber ich kann ja nicht aufhören zu essen.« »Die Regierung sollte mehr tun, um die Qualität von Lebensmitteln zu kontrollieren«, fordert eine weitere Marktbesucherin.

Die Regierung kritisiert den Missbrauch von Pestiziden und Düngemittel öffentlich erst nach der Geschichte mit den explodierenden Wassermelonen. Auf chinesischen Internetseiten tauchten Bilder auf, die Bauern vor lädierten Wassermelonen zeigen. Die Früchte sind zerplatzt, weil die Bauern ihnen zu viel Wachstumsbeschleuniger gespritzt haben. Ein Bauer berichtet, er sei zu Tode erschrocken, als er über sein Feld lief und es knallen hörte. Er habe sich flach auf den Boden gelegt, da er dachte, jemand schieße auf ihn.

Exportprodukte werden in speziellen Betrieben hergestellt

Mit den Nachrichten von Pestiziden im Gemüse wächst die Nachfrage nach biologisch angebauten Lebensmitteln. An einem Sonntagmorgen fahre ich aus Peking heraus, am Stadtrand treffe ich Familie Rui und andere Großstädter. Zurück zur Natur lautet ihr Motto. Die Ruis und die Zhengs sind unter der Woche Ärzte, Lehrer und Computerspezialisten – am Wochenende pflanzen sie ihr eigenes Gemüse auf einem Stück Land, das sie gemietet haben. Die Familien haben hier ihre Schrebergärten, ganz ähnlich wie in der

Schweiz, nur ohne Gartenzwerge. Es sind vor allem Eltern von kleineren Kindern, die vor den Toren der Millionenstadt hacken, pflanzen und jäten – und sich zunehmend Sorgen um die Ernährung ihrer Kinder machen. »Ich weiß nicht, was ich kaufe. Nur wenn wir unsere Lebensmittel selber anpflanzen, wissen wir, was drin ist. Unser Biogemüse sieht zwar nicht perfekt aus, aber wir können der Qualität vertrauen«, sagt Song Rui, die auf ihrem Stück Land arbeitet.

Wer keine Zeit hat, einen Biogarten zu pflegen, kauft in den neuen Bioläden der Stadt ein. Die Furcht vor den vergifteten Lebensmitteln beschert der Biobranche einen Boom. Treibende Kraft ist die wachsende Mittelschicht des Landes, denn sie hat das nötige Geld, um ein Vielfaches für die teuren Bioprodukte auszugeben. Nur Menschen mit gutem Einkommen können sich ein Gesundheitsbewusstsein in China überhaupt leisten. Die Entwicklung der Biobranche steht am Anfang. Angeschoben wurde die grüne Bewegung von unternehmerischen Bürgern: Sie gründen Biomärkte, richten Online-Shops für Bioprodukte ein, es gibt Biofarmen zum Selberpflücken und immer neue Biorestaurants.

Einer dieser engagierten Bürger ist Sun Dewei. Ich bin mit ihm auf seiner Biofarm außerhalb von Peking verabredet. Da, wo die Straßen von Baumalleen gesäumt sind und es nicht nach Abgasen riecht. Der Himmel hat hier einen Hauch von Blau – im Gegensatz zum dumpfen Grauton, der sich normalerweise über die Hauptstadt spannt.

Sun Dewei erwartet uns bereits. Mit seinem gelbgrün karierten Hemd, den abgewetzten Hosen und dem wirren Haar nehme ich ihm den Biobauern ab, noch bevor er mich über seine Felder führt. Sun Dewei streicht sanft über die grünen Blätter und seufzt. Bevor er zu reden beginnt, spüre ich, sein Job ist für ihn eine Berufung. Sun pflanzt Tomaten, Auberginen, Kürbis, Bohnen, Mais, Peperoni und Wassermelonen an. Seinen Kunden liefert er die gemischten Gemüsekörbe direkt vor die Haustüre.

Sun Dewei ist nicht nur Biobauer, sondern auch Lebensmittelaktivist: Er deckt gefälschte Biolabels auf, um die Konsumenten aufzuklären und zu schützen. Dazu kam er durch seinen früheren Job. Der studierte Agronom arbeitete in einer staatlichen Abteilung, die für Lebensmittelkontrollen zuständig war. Die laschen Regulierungen ließen ihn aufhorchen. Die vorgeschriebenen nationalen Standards seien zwar heute viel strenger als vor zehn Jahren, doch der Kontrollmechanismus funktioniere noch nicht, zudem drängten immer mehr Lebensmittelproduzenten auf den Markt, die Geld verdienen wollen, egal wie. Gemüsebauern, die ihre Ernte optimieren wollen, verwenden Pestizide und chemische Dünger in großen Mengen.

Lokal werde schlicht alles verkauft, seufzt der Lebensmittelaktivist und reicht mir eine Gurke. Ein Biolabel ist in China kein Gütesiegel, denn es wird oft gefälscht. Viele verwenden das Label Bio nur, weil es mehr Geld bringt. Bis zu 80 Prozent der Biolabels seien unecht, sagt Sun. Zudem ist trotz strenger nationaler Standards die Definition von Bio unklar. Einige Hersteller überschreiten lediglich die national festgelegte Obergrenze für Chemiedünger und Pestizide nicht, andere verwenden gar keine chemischen Zusatzstoffe. Prüfungsverfahren der staatlichen Kontrollstellen taugen nichts, da sind sich engagierte Produzenten einig. Viele verzichten darum gänzlich auf ein Biolabel.

Auch Sun Dewei verzichtet auf Zertifikate und lädt seine Kunden lieber auf seinen Hof ein, damit sie sich ein Bild davon machen können, wie er produziert. Sun verwendet keinen künstlichen Dünger und keine Pestizide, doch auch mit den besten Absichten sei es nicht einfach, ökologisch zu produzieren.

»Das Problem liegt tief. Die Luft, der Boden, das Wasser – alles ist kontaminiert und verschmutzt. Besonders um Peking herum ist das Problem gravierend. Wenn die Grundparameter nicht stimmen, ist es schwierig, gesunde, gute Produkte zu pflanzen. In den letzten zwanzig, dreißig Jahren hat sich das Problem verschärft, denn die Umweltverschmutzung nimmt kontinuierlich zu«, seufzt Sun und reicht mir noch eine Gurke. Ich esse auch diese – trotz der Sorgenfalten, die sich tief in Suns Stirn graben.

Drei Jahrzehnte halsbrecherisches Wirtschaftswachstum haben Luft, Wasser und Erde verdreckt. Zudem gelangen durch häufig verwendete Pestizide Giftstoffe in Nahrung, Erde und Grundwasser. Biologisch zu produzieren braucht große Investitionen, denn es dauert mehrere Jahre, bis die schwer kontaminierten Böden gesäubert sind und die Schadstoffe sich abgebaut haben. Auch müssen die Produzenten das Wasser reinigen, das sie zum Bewässern brauchen. Millioneninvestitionen, die Jahre brauchen, um sich auszuzahlen. Es gibt eine wachsende Anzahl von Firmen, die Kooperationen mit Kleinbauern eingehen. Doch es bräuchte noch mehr staatliche Unterstützung zum Beispiel in Form von Steuererleichterungen, so Sun.

Keine finanziellen Probleme haben Bauernhöfe, die exklusiv für die Parteikader Bioprodukte herstellen. Es gibt ein separates Versorgungssystem nur für die Führungskräfte. Auch Exportprodukte werden in speziellen Betrieben hergestellt, mit modernster Ausrüstung und strikten Qualitätskontrollen.

Dopingmittel im Schweinefleisch

Am nächsten Tag fahre ich zum Schweinemarkt. Um sieben Uhr morgens kommen wir auf dem Gelände am Stadtrand an. Mich schaudert es, als ich die riesige Halle betrete, die voller toter Schweine ist. So weit das Auge reicht, liegen Berge von Fleisch. Der Schweinemarkt in Peking ist der größte Asiens. Über 3000 Schweine wandern hier täglich über den Tresen, das sind bis zu 300 000 Kilogramm Fleisch. Das billigste Stück kostet 2,50 Dollar, das teuerste – Tenderloin – 3,90 Dollar pro Kilo.

Noch teurer sind die Stücke, die bei uns zu Tierfutter verarbeitet werden. Auf den Marktständen liegen Schweineköpfe, Ohren, Schnörrli und Schwänzli – was in der Schweiz fast nicht mehr gegessen wird, gilt in China als Delikatesse. Schweinefüße sind bei Frauen besonders beliebt, denn sie sollen die Haut straffen. Für die

Schweizer Fleischindustrie bedeutet das gute Umsätze. In den letzten zehn Jahren haben sich die Fleischexporte nach China mehr als verzehnfacht.

Herr Guo verkauft seit zehn Jahren Schweinefleisch auf diesem Markt. Die Nachfrage nehme ständig zu, sagt er und zerkleinert mit seinem Hackebeil ein großes Stück Fleisch auf dem Schneideblock. Ob vor dem Verkauf die Qualität des Fleisches kontrolliert werde, will ich wissen. »Ja, die Kontrollen hier sind sehr strikt. Die Kontrolleure kommen täglich. Schlechtes Fleisch kommt gar nicht erst hierher. Viele Qualitätsstandards müssen erreicht werden. Das Fleisch hier ist ziemlich sicher.«

Was und wie denn kontrolliert werde, frage ich nach. Das kann mir Herr Guo nicht genau erklären, er bekomme die Qualitätspapiere vom Schlachthof geliefert, und mit den richtigen Papieren könne er das Fleisch hier anbieten.

Wir sind unangemeldet auf den Schweinemarkt gekommen. Zu groß schien mir das Risiko, dass eine offizielle Drehanfrage abgelehnt werden könnte. Petr, mein tschechischer Kameramann, filmt mit einer Canon 5D, einer Fotokamera mit tollem Bildeffekt. Er steht zwischen den Fleischbergen und sieht aus wie ein Tourist, der sich speziell für Schweinefleisch interessiert. Und doch werden wir entdeckt von einem Mitarbeiter des Marktes. Solange wir den Angestellten in ein Gespräch verwickeln, kann Petr ungestört weiterfilmen. Ich frage den Mann nach den internen Kontrollen. Vor der Kamera will er nicht reden, dazu brauche er die Bewilligung seines Vorgesetzten, den wir nicht sprechen können. Ich bohre weiter nach. Das Fleisch werde intern auf den Wassergehalt untersucht, weiter werde das Qualitätszertifikat des Produzenten und der Qualitätsstempel vom Schlachthaus kontrolliert. Sei alles in Ordnung, könne das Fleisch verkauft werden, erzählt der Mann.

Die Stempel vom Schlachthaus zeigen die Verkäufer gerne. Einer winkt uns herbei, als er die Kamera sieht, und zeigt mit dem Finger auf das Gütesiegel auf seinem Fleisch. »Was genau kontrolliert wird, wissen wir nicht«, sagt der Verkäufer, »aber wenn das

Fleisch die richtigen Stempel hat, ist es sicher, und kann verzehrt werden«.

Die Chinesen lieben ihr Schwein. Das Milliardenvolk verbraucht mehr Schweinefleisch als jedes andere Volk der Welt. 50 Millionen Schweine waren es 2012, über die Hälfte des globalen Bedarfs. Der durchschnittliche Chinese isst heute 60 Kilo Fleisch pro Jahr, der Amerikaner isst doppelt so viel. Wenn alle Chinesen sich amerikanische Essgewohnheiten angewöhnen, wird es bald keine Regenwälder mehr geben, denn schon lange können die chinesischen Schweine nicht mehr mit heimischem Futter versorgt werden. China importiert riesige Mengen von Viehfutter, vor allem Soja aus Brasilien. Für die Monokultur wird dort der Regenwald abgeholzt. Was Chinas Schweine essen, betrifft die ganze Welt, denn mit dem wachsenden Mittelstand wächst der Appetit der Chinesen aufs Schwein.

Ich beginne, mich mit den Kunden zu unterhalten, die Halle ist voll, obwohl viele Konsumenten vorsichtiger geworden sind. »Ich prüfe immer erst die Haut der Schweine, bevor ich ein Stück kaufe. Wenn sie zu weiß ist, ist das ein Zeichen dafür, dass das Schwein mit Clenbuterol gefüttert wurde«, sagt eine Dame mit roten Backen und rotem Wintermantel. Clenbuterol macht das Fleisch magerer und rosig. Es stimuliert die Nebennieren und das Nervensystem und kann bei Menschen zu ernsthaften Gesundheitsproblemen führen. In vielen Ländern ist Clenbuterol verboten.

In China ist das Wachstumshormon der Öffentlichkeit bekannt, seit die Staatsmedien über einen Schweinefleischskandal berichteten. 2011 wurde bekannt, dass eine Tochterfirma von Henan Shuanghui, dem größten Fleischverarbeiter im Land, dem Tierfutter Clenbuterol beigefügt hatte. Einer der Hauptinvestoren von Henan Shuanghui war Goldman Sachs. Diese erste Entdeckung war nur die Spitze des Eisbergs. Weitere Recherchen ergaben, dass auch andere Produzenten Clenbuterol einsetzten. Die Polizei verhaftete 14 Personen infolge des Clenbuterol-Skandals.

Das Problem ist der Regierung nicht neu. Die chinesische Behörde für Sport verbietet Athleten das Essen von Schweinefleisch. Die chinesische Ruderin und Goldmedaillengewinnerin Huang Wenyi enthüllt auf ihrem Blog, dass im Schweinefleisch für Athleten Clenbuterol nachgewiesen wurde. Clenbuterol hat eine anabole Wirkung und ist von der Welt-Anti-Doping-Agentur verboten. Wird es bei Athleten nachgewiesen, werden sie von Wettkämpfen ausgeschlossen, so wie zwei Schwimmer aus den USA und China bei den Olympischen Spielen 2008 in Peking.

Lukrativer Lebensmittelmarkt

Für die Produzenten ist die Versuchung groß. Die Strafen sind gering, die Profite jedoch riesig. Die Wahrscheinlichkeit, erwischt zu werden, ist verschwindend gering, denn es fehlt eine übergeordnete Behörde. Für jeden Bereich ist ein anderes Ministerium zuständig, erläutert Professor Zheng Fengtian von der Abteilung Agrarwissenschaft an der Renmin-Universität in Peking. Es ist zudem die zersplitterte Struktur von Chinas Landwirtschaft, die es extrem schwierig macht, einheitliche Qualitätsstandards durchzusetzen. »Es gibt in China über 200 Millionen kleine Bauernhöfe und Familien, die kleine Flächen bewirtschaften, dazu kommt eine halbe Million Firmen, die in der Nahrungsmittelindustrie tätig sind. Die Regierung kann unmöglich alle kontrollieren. Zudem sind für die Firmen die Bußen für eine Straftat viel niedriger als die Kosten für das Einführen von Qualitätskontrollen«, sagt der Agrarwissenschaftler.

Wie lukrativ das Geschäft mit sicheren Nahrungsmitteln sein kann, zeigt die Tatsache, dass verschiedene chinesische Großkonzerne, darunter der Computerhersteller Lenovo, in eigene Biohöfe investieren. Unsere Drehanfrage wurde von Lenovo jedoch abgelehnt. Erst nach Wochen finden wir einen Produzenten, der bereit ist, unser Filmteam zu empfangen. Es ist eine staatliche Schweinezuchtfarm in der Provinz Shanxi mit dem wundersamen Namen »Synthetische und professionelle Schweinezucht-Genossenschaft«. Am Eingang prangt ein großer roter Stern, die Nationalflagge weht am Fahnenmast.

Der Verkaufsmanager Liu Lijie ist ein freundlicher Mann, der seine Tiere Bräute und Bräutigam nennt. Für einen Schlachtbetrieb hätte er keine Nerven, sagt er. 6000 Tiere zählt sein Stock, 4000 junge Zuchtschweine verkauft er pro Jahr, womit er einen durchschnittlichen Nettogewinn von 650 000 Dollar macht. Liu Lijie garantiert Qualitätsschweine, pro Stück verlangt er 400 Dollar. Seine Tiere werden regelmäßig von den Beamten des Quarantänebüros untersucht. Verkauft werden können nur Tiere mit einem Gütesiegel. »Die Regierungsleute kommen unangemeldet vorbei, um Urin und Blut unserer Schweine zu testen. Fänden sie mageres Fleischpulver wie Clenbuterol oder andere verbotene Substanzen, würde unsere Farm sofort geschlossen. Wir haben aber immer alle Tests bestanden«, sagt Liu stolz und zeigt seine Zertifikate. Seine Schweine bekommen hauptsächlich Mais aus der Umgebung. Einmal pro Monat werden dem Futter Antibiotika zugefügt, um die Tiere resistenter zu machen. In China ist das erlaubt.

Von Pfuscherei hält Liu nichts. Wenn ein Qualitätsproblem auftauche, würde das unweigerlich auf ihn zurückfallen, sagt Liu mit einem liebevollen Blick auf seine Tiere. Was mit seinen Schweinen geschieht, nachdem er sie verkauft hat, weiß allerdings auch Liu nicht. Es gäbe viele Betriebe in der Branche, die Konsumenten betrügen.

»Wir machen uns Sorgen um unsere Kinder«

»Es sind viele Schritte vom Acker- oder Weideland bis zum Konsumenten. Da muss nur einer nicht nach den Regeln spielen, und schon ist es vorbei«, sagt Professor Zheng Fengtian von der Renmin-Universität in Peking. Vor allem bei kleineren Produzenten, Zwischenhändlern und Abnehmern ist das ein Problem. Die Firmen, die in die Lebensmittelherstellung involviert sind, können nicht jedes Mal alle Produkte auf verschiedenste Substanzen testen. Das beste System ist, wenn eine Firma alles selber macht und somit alle Schritte kontrollieren kann. Nur so ist die Lebensmittelsicherheit garantiert.«

Einer, der alles selber macht, ist Ding Zhimin. Ich treffe den Agronomen weit außerhalb von Peking. Auf den Hügeln um seinen Hof herum liegt Schnee. Ding stapft mir entgegen, an seiner Seite ein prächtiger tibetischer Hirtenhund. In eine schwarze Daunenjacke gehüllt, die Hände in den Hosentaschen vergraben, führt mich Ding Zhimin über seinen Hof. Das Gelände ist klein, es besteht aus einem Haus, einem Stall und etwa hundert schwarzen, tibetischen Wollschweinen, die frei auf den umliegenden Hügeln herumklettern.

Unter dem Vordach des Stalls rösten Dings Mitarbeiter, zwei ältere Bauern aus der Gegend, frische Sonnenblumenkerne über einem Feuer. Ich stelle mich dazu und wärme mir die Hände. Eine Katze streicht mir ums Bein, die Hühner gackern und die Schweine grunzen. Hier scheint die Welt noch in Ordnung.

Ding Zhimin hat sich als Agronom auf das Gebiet der Tiernahrung spezialisiert. Er kauft nur 30 Prozent des Futters ein, den Rest pflanzt er selber an. Fast jede Tiernahrung, die es auf dem Markt zu kaufen gibt, sei verfälscht, sagt Ding. Er musste lange nach einem Stück Land suchen, das nicht kontaminiert war. Den sauren Regen und die Luftverschmutzung könne er nicht beeinflussen, meint er achselzuckend. Seine Schweine füttert er mit einer Mischung aus Mais, Soya und Weizen. Ein Biolabel hat seine Farm trotzdem nicht. Denn dafür müsse man bezahlen.

Der Familienvater steckte sein ganzes Vermögen in seine Cixinjiayuan Food Company. Werbung macht er keine, denn die Lebensmittelskandale bringen die Kunden automatisch zu ihm. Doch trotz guter Qualität kann der Hof nur knapp überleben. Subventionen für kleine Biobetriebe gibt es nicht. Trotz der hohen Kosten kommt es für Ding nicht infrage, von seinen Qualitätsstandards abzuweichen.

»Ich esse nur die Schweine, die ich züchte, und das Gemüse, das ich anbaue. Ich esse nie im Restaurant, denn ich weiß zu viel über die Lebensmittelqualität in China», sagt der Agronom und somit war ich auch an diesem Morgen auf dem idyllischen Bauernhof wieder in der Realität angelangt.

Ding Zhimin verkauft sein Biofleisch auf einem der Biomärkte in Peking, der von engagierten Produzenten gegründet wurde. An einem Sonntagmorgen ist die Halle voller Menschen, Familien mit Kindern, jungen Leuten in Jeans und Turnschuhen. An den Ständen haben die Produzenten liebevoll ihr Angebot ausgestellt: Gemüse, Früchte und Fleisch. An einem Wochenende setzt der Biomarkt bis zu 60 000 Dollar um. Ding Zhimin verkauft seine Bioschweine für umgerechnet 16 Dollar pro Kilo – fünfmal mehr, als ein Kilo auf dem Pekinger Schweinefleischmarkt kostet.

»Die Luft ist verschmutzt, und die Nahrung ist unsicher. Wenn Grundbedürfnisse wie Atmen und Essen plötzlich zum Problem werden, dann ist etwas arg aus der Balance geraten«, sagt eine junge Mutter, die ihr Baby auf dem Arm hält. »Wir machen uns Sorgen um unsere Gesundheit und um die unserer Kinder. Ich wünsche mir, dass die Regierung härter durchgreift bei Lebensmittelskandalen.«

Die Produzenten hier laden Konsumenten auf ihre Höfe ein und arbeiten mit unabhängigen Kontrollinstituten. Staatliche Qualitätszertifikate seien wertlos, sagen sie, da sie gekauft werden können.

»Wirf das Essen zum Fenster raus«

Fast 70 Prozent der Bevölkerung trauen der Qualität der Lebensmittel im Land nicht mehr, lautet das Ergebnis einer Umfrage der Pekinger Qinghua-Universität. Mit über einer Milliarde Menschen, die es in China zu ernähren gilt, ist Vertrauen essenziell. Wenn die Menschen sich beim täglichen Einkauf um die Nahrungsmittelsicherheit sorgen, stellen sie unweigerlich die Frage, warum die Regierung sie nicht beschützen kann. Gar die staatliche Zeitung »Global Times« schreibt Klartext: »Wir sind heute in der Lage, Raumfahrer ins All zu schießen. Warum können wir keine sicheren Nahrungsmittel gewährleisten?«

Der neue Regierungschef Li Keqiang, auch Direktor des Komitees für Lebensmittelsicherheit, verspricht, dass die Sicherheit der Lebensmittel stärker in den Vordergrund gestellt werde und die Kontrollen rigoros verschärft würden. Peking hat im März 2013 dafür ein neues Superministerium geschaffen. Die »General Food and Drug Administration« soll laut dem stellvertretenden Minister »die Sicherheit der Nahrung und Medikamente der Nation verbessern«.

An fehlenden Gesetzen liegt es nicht unbedingt, dass es zu so vielen Lebensmittelskandalen kommt, das Hauptproblem ist die Umsetzung. Es gibt noch immer zu viele Verantwortliche mit zu wenig Verantwortungsgefühl. Das zeigte auch der Rattenskandal. Was von Konsumenten genüsslich als Lammspieße verzehrt wurde, waren in Wirklichkeit oft Rattenspieße. Auch ich habe viele »Lammspieße« verzehrt. Eine kriminelle Bande hatte das Fleisch der Nager, aber auch solches von Füchsen, mit Gelatine, Pigmenten und Nitrat präpariert und an Straßenküchen als Lammfleisch verkauft. Die Polizei hat über 900 Verdächtige festgenommen.

Auch die 10 000 Schweinekadaver, die im Huangpu-Fluss schwammen, zeugen von desolaten Zuständen. Der Fluss versorgt immerhin die 23-Millionen-Metropole Schanghai mit Trinkwasser. In Schanghai treffe ich pünktlich zum nationalen Tag der Konsumenten ein. Ich bin mit Wu Heng verabredet, der sich den Konsumentenschutz zur Aufgabe gemacht hat wie kein Zweiter im Land. Wu lokalisiert die Lebensmittelskandale und listet kontaminierte Lebensmittel auf seiner Internetseite auf. Die

Konsumenten können sich so per Mausklick ein Bild davon machen, von welchen Lebensmitteln eine potenzielle Gefahr für ihre Gesundheit ausgeht. Seine Webseite mit dem Namen »Wirf das Essen zum Fenster raus« wird täglich von über 10 000 Usern besucht.

»Es gibt kein Nahrungsmittel mehr in China, das kein Sicherheitsproblem hat«, sagt Wu Heng, als er mich durch die Landkarte auf seiner Seite navigiert, die voller Punkte ist. Jeder Punkt steht für einen Skandal. »Die Profitgier der Lebensmittelproduzenten vergiftet das ganze Land. Die Hauptursache sind fehlende Überwachung und lasche Regierungskontrollen. In einem Markt ohne strikte Kontrolle verdrängt das böse Geld das gute Geld. Die Firmen, die Regeln und Standards beachten, machen viel geringere Profite. Die endlosen Skandale sind das Resultat eines Marktes, der nicht standardisiert ist.«

Noch vor zwanzig Jahren ernährten sich die meisten Chinesen von frischen Produkten, die sie auf dem Markt kauften. Mit dem Wirtschaftsboom kamen industriell verarbeitete Nahrungsmittel und Konsumenten, die es sich leisten können, in den Supermärkten einzukaufen. Und somit wuchs die Zahl der Lebensmittelproduzenten, denen die Aussicht auf das große Geschäft das Wasser im Mund zusammenlaufen ließ.

Das hat Wu Heng selber erlebt. Als Student hatte er in der Universitätskantine monatelang Rindfleisch mit Reis verspeist, bis er erfuhr, dass billiges Schweinefleisch mit einem krebserregenden Stoff in Rindfleisch verwandelt und als solches deklariert wurde. »Die Lebensmittelsicherheit geht uns alle an, ich will, dass die Menschen sich wenigstens darüber informieren können«, sagt Wu.

Er ist skeptisch, dass die Versprechen der neuen Regierung für einen besseren Konsumentenschutz umgesetzt werden. »Die Priorität der Regierung ist das Wirtschaftswachstum. Denn wenn die Menschen ihre Jobs verlieren, kann das die Stabilität der Gesellschaft gefährden und somit die Herrschaft der Regierung. Die Qualität der Lebensmittel ist da zweitrangig.«

Als ich mich von Wu Heng verabschiede, frage ich ihn noch: »Was isst du denn?« »So wenig wie möglich«, antwortet Wu mit einem Grinsen. »Es gibt sichere Nahrungsmittel in China, aber die kann ich mir nicht leisten. Wer hier sicher essen will, muss genug Geld verdienen.«

Von rechtlosen Bauern und unerwünschten Journalisten – Landenteignung in China

»Ich bin Bäuerin und seit über 30 Jahren Parteimitglied.
Doch warum behandeln die Kommunisten uns Bauern so?
Warum gibt uns die Partei keine Gerechtigkeit?«
Bäuerin in der westchinesischen Provinz Sichuan

»Ein Journalist sollte mit dem Herzen eines Poeten arbeiten,
schreiben wie ein Historiker und kämpfen wie ein Soldat.«
Wang Keqin, Enthüllungsjournalist

Ich stapfe mit den Bauern über das Feld. Es sind viele, etwa hundert. »Wir sind wütend und verzweifelt. Wir haben keine Rechte und kein Geld. Wir wollen unser Land zurück, die Behörden hören uns nicht an, sie jagen uns fort. Wo sollen wir denn leben?«, fragt eine Bäuerin.

Die Bauernfamilien im Dorf Qianjing in der westchinesischen Provinz Sichuan haben alles verloren. Sie zeigen mir, wo einst ihre Häuser und ihr Ackerland waren. Eine Frau hebt den Arm. »Hier haben wir gelebt und alles gepflanzt. Ohne unsere Felder haben wir nichts zu essen.«

600 Familien lebten seit Generationen hier in der Umgebung der Provinzhauptstadt Chengdu. Die Lokalbehörden haben ihr Land konfisziert und ihre Häuser niedergerissen. Auf den Feldern sollen Fabriken entstehen. Den Bauern wurden pro 600 Quadratmeter enteignetes Land 4000 Dollar versprochen, erhalten haben sie noch nichts, sagen sie. »Die lokalen Beamten stecken die

Kompensation in die eigene Tasche. Sie kaufen sich Autos und Wohnungen und wir haben nicht einmal ein Dach über dem Kopf. Wir sind auf unser Land zurückgekehrt, haben Zelte aufgestellt und angefangen, unsere Häuser wiederaufzubauen. Dann kamen die Polizisten und schlugen uns zusammen. Es war schrecklich«, erzählt eine Bäuerin.

Über 1000 Polizisten der Sondereinheit kreisten die Bauern ein. Einige umstellten die Felder, andere begannen die Mauern zu zerstören, welche die Bauern gebaut hatten. Im Auftrag der Lokalregierung verjagten und verprügelten die Polizisten die Bauernfamilien. 36 Menschen wurden vorübergehend verhaftet.

»Die Polizisten warfen mich auf den Boden, traten und schlugen mich. Ich wurde bewusstlos. Ich erhielt kein Geld für mein Land. Mit meinem Ersparten habe ich hier ein Haus gebaut. Das wollte ich meinen Kindern vermachen. Ich habe nichts mehr«, schluchzt eine alte Frau und schlägt die Hände vors Gesicht. »Sie behandeln uns wie Tiere. Wie Kriminelle werden wir verjagt. Wo sollen wir denn hin? Wir sind alt und schwach. Wir haben unser Leben lang gearbeitet. Was haben wir denen denn angetan?«, weint eine andere.

Der Kampf um Land ist einer der schärfsten Konflikte im heutigen China. Seit Chinas Wirtschaft boomt und immer mehr Bauland gebraucht wird, ist das Ackerland besonders in der Nähe der Städte zu einer begehrten Ware geworden. Da mit Land viel Geld zu verdienen ist, deklarieren vielerorts die Parteifunktionäre das Ackerland zu Bauland und vertreiben die Bauern gegen eine kleine Entschädigung – falls diese überhaupt bezahlt wird. Immobilienmakler und Erschließer kaufen das Land von den Lokalbehörden als Privatbesitz, um darauf Fabriken, Bürogebäude und Wohnkomplexe zu bauen. Und das, obwohl die Bauern das Land im Kollektiv mitbesitzen.

Von den Kommunisten wurde das Land der Bauern in den 1950er-Jahren verstaatlicht. In den 1980er-Jahren erhielten die Bauern im Zuge der Reform- und Öffnungspolitik Landnutzungsrechte. Mit ihren Dörfern schlossen sie einen Pachtvertrag über das Land ab, bevor sie es nutzten. Das Land blieb jedoch im Besitz des

Staates oder des Kollektivs und somit liegt die Verfügungsgewalt über das Ackerland bei den Parteifunktionären, die das Kollektiv leiten. Über ein Drittel der Einnahmen örtlicher Verwaltungen kommt vom Landverkauf. Es liegt auf der Hand, dass diese Beteiligung an Immobiliengeschäften den Beamten eine lukrative Möglichkeit zur Selbstbereicherung bietet. Solche illegalen Landverkäufe machen Immobilienmakler, Investoren und Funktionäre sagenhaft reich. Dementsprechend unbeliebt sind Journalisten, die über Landverkäufe und Enteignungen berichten.

»Alle Konflikte in China werden durch korrupte Beamte ausgelöst«

Auf der Straße halten drei Autos. Sechs Männer kommen auf uns zu, darunter Regierungsbeamte aus der Provinzhauptstadt Chengdu. Was wir hier wollen, fragt der eine. Ich zeige ihnen meinen Journalistenausweis. Wir hätten kein Recht, hier zu sein. Ich falle gleich mit der Türe ins Haus: »Warum geben Sie diesen Menschen die Kompensation nicht, die Sie ihnen versprochen haben?« Die Kamera läuft. »Ich sage nichts, wir reden hier nicht, kommt mit zu uns.« Die Beamten sind wütend. »Nehmt die Kamera runter«, befiehlt ein anderer energisch. Diego, der spanische Kameramann, filmt heimlich weiter. Ich stelle den Beamten weitere Fragen, ein Mann hält die Hand vor die Linse der Kamera. Lisha, meine Produzentin, versucht die Situation zu entspannen. Schließlich müssen wir den Schauplatz verlassen und sie befehlen uns, nicht weiter zu filmen. Doch genau das habe ich vor. Allerdings sind wir jetzt auf dem Radar der Beamten. Ich beschließe daher, den Fahrer zu wechseln, denn sie haben seine Personalien aufgenommen und ich will ihn nicht in Schwierigkeiten bringen. Auch brauchen wir ein »sauberes« Nummernschild.

Im örtlichen Spital besuchen wir ein Opfer der gewaltsamen Vertreibung. Von einer Bäuerin haben wir die Zimmernummer erhalten. Lisha geht alleine voraus, sie prüft, wie wir ins Zimmer kommen können, ohne gesehen zu werden. Als die Luft rein ist, rennen Diego und ich am leeren Empfang vorbei, Kamera und Mikrofon unter unseren Jacken versteckt. Niemand bemerkt uns. Im Zimmer liegt Wu Wangshuo, auf dem Bett sitzt seine Frau. Er erzählt, wie er sich nackt auf den Boden legen musste und die Polizisten ihn getreten und geschlagen haben. Die Beamten sahen zu. Wu Wangshuo hat ein verletztes Bein und vier gebrochene Rippen. »Ich bin nicht weggerannt, weil ich nichts Unrechtes getan habe. Das Land gehört mir, wir leben seit Generationen da. Doch Polizisten und Beamte zwangen mich zuzugeben, dass ich gegen das Gesetz verstoße, wenn ich auf mein Land zurückkehre. Schließlich stimmte ich zu, sonst hätten sie mich zu Tode geprügelt.«

Wu Wangshuos Frau erzählt uns von Huang Qi, einem bekannten Dissidenten, der die Bauern unterstützt, indem er ihnen Menschenrechtsanwälte und Rechtsberatung vermittelt. Wir haben Huang Qi bereits in Peking kontaktiert – über eine Prepaid-SIM-Karte, damit der Anruf nicht zurückverfolgt werden kann. Wir haben mit ihm keinen exakten Termin vereinbart, denn die Wahrscheinlichkeit, dass Huangs Telefon abgehört wird, ist groß. Als wir zur Adresse des Aktivisten fahren, scheint uns niemand zu folgen. Die Wohnung im fünften Stock ist kalt und spärlich möbliert, Huang sitzt mit Frau Ye und Frau Guo vor dem Computer. Wir haben die beiden Bäuerinnen bereits am Morgen auf dem Feld getroffen. Der Aktivist zeigt ihnen, wie sie sich organisieren und sich eine Stimme verschaffen können. Mit einem Mobiltelefon hat ein Bauer den stillen Protest gefilmt, bevor die Schläger kamen. Wenige Stunden nach der Polizeigewalt waren die Bilder online.

»Alle Konflikte in China werden durch korrupte Beamte ausgelöst. Ich betreue 2000 Fälle von illegaler Landenteignung. Die Bauern sind den korrupten Beamten und den Schlägertrupps ausgeliefert. Ich gebe den Verlierern des neuen China eine Stimme. Das Internet ist unsere Chance«, sagt Huang Qi. Für seine Aktivitäten hat er schwer bezahlt. Fünf Jahre verbrachte er im Gefängnis. Die Regierung wollte, dass er die Mitarbeiterliste seiner Internetseite herausgibt: 3000 Namen zählt sie. Darunter Anwälte und Dissidenten. Huang weigerte sich. »Das Schlimmste im Gefängnis waren die Schläge«, sagt er und beugt den Kopf nach vorne, sodass die Narben zu sehen sind. »Ich schlief drei Jahre lang mit Hand- und Fußfesseln am Boden. Doch es hat sich gelohnt. Seit dem Gefängnis bekomme ich noch mehr Unterstützung für meine Arbeit. Mein Netzwerk wächst ständig. Für die Rechtlosen werde ich weiterkämpfen. In den Provinzen herrscht Krieg. Die Kontrolle der Zentralregierung reicht nicht über Peking hinaus.«

Zum Beispiel Shenzhen

China hat in den letzten 30 Jahren die einzelnen Verwaltungsbezirke zur autonomen Politik ermächtigt. Dabei geht es der kommunistischen Regierung nicht um eine demokratische Beteiligung, sondern um den Test von verschiedenen Entwicklungsmodellen. Im Zweifelsfalle hält das Regime die Zügel in der Hand. Ziel ist es, das Modell zu finden, das volkswirtschaftlich am schnellsten zum Erfolg führt. Was sich in einer Stadt oder Kommune bewährt, soll auf andere Gebiete oder gar auf das ganze Land übertragen werden.

Die Dezentralisierung der Macht kann die Dynamik einer Kommune fördern. Shenzhen ist ein Beispiel dafür. Vor über 35 Jahren vom Reformer Deng Xiaoping zur Sonderwirtschaftszone erklärt, wurde Shenzhen zum Experimentierfeld der Reform- und Öffnungspolitik. Ziel war die Stärkung und Stabilisierung Chinas und die Förderung von ausländischem Kapitalfluss. In Rekordzeit wandelte sich das Dorf in eine florierende Millionenstadt. Das jährliche Durchschnittseinkommen erhöhte sich seit der Öffnung 1978 von 124 auf 7000 Dollar.

»Am Anfang haben viele daran gezweifelt, dass sich die Marktwirtschaft in einem sozialistischen Land durchsetzen wird«, sagt Li Luoli, ehemaliger Stellvertretender Generalsekretär von Shenzhen. »Nach der Kulturrevolution realisierten wir, dass Planwirtschaft uns nicht weiterbringt, doch niemand wusste, wie man eine Reform durchführt. Der Visionär Deng Xiaoping hat China in die Moderne geführt.« Von da an hätten sie ihre Entscheidungsspielräume genutzt, schmunzelt der Funktionär. »Die Berge sind hoch und der Kaiser ist weit weg«, sagt ein chinesisches Sprichwort, das häufig zitiert wird, um die Situation zwischen den Lokalregierungen und der Zentrale zu beschreiben.

Die dezentrale Struktur der Partei und die damit verbundene lokale Machtkonzentration fördert nicht nur die Wirtschaft, sondern auch den Machtmissbrauch. Da es kein System der wechselseitigen Kontrolle, keine Bürgerbeteiligung und keine unabhängigen Medien gibt, verfügt der Parteichef über eine geradezu diktatorische Macht. Er kann politische Gegner ausschalten, wirtschaftliche Konkurrenten verdrängen, Aktivisten bestrafen und Bauern auspressen.

Das Problem liegt auch beim Fiskalsystem, das auf der Steuerreform der frühen 1990er-Jahre beruht. Die Reform sollte den Anteil der Steuern am Bruttoinlandsprodukt steigern und die Kontrolle Pekings über die Steuereinnahmen stärken. Da ein großer Teil der Steuereinnahmen wieder nach Peking floss, kämpfen die Kommunen mit Unterfinanzierung und versuchen die Fehlbeträge über andere Mittel auszugleichen. Um die von Peking vorgeschriebenen kommunalen Aufgaben zu finanzieren, wie etwa das Bildungswesen, betätigen sich die lokalen Verwaltungen zum Beispiel im Bausektor und verkaufen Ackerland als Bauland zu horrenden Preisen. Laut dem Ministerium für Land und Ressourcen gibt es in China bereits über 40 Millionen Bauern, die auf diese Weise ihr Land verloren haben. Bis im Jahr 2020 dürften es über 100 Millionen sein.

Bauern als Verlierer des Wirtschaftsbooms

In China gibt es täglich Konflikte um Landenteignung. Ich kehre in die westchinesische Provinz Sichuan zurück, um eine zweite

Gruppe von Bauern zu porträtieren. In einem Vorort der Provinz-hauptstadt Chengdu wurden 5000 Menschen verjagt, über ein Quadratkilometer Land wurde konfisziert.

Um das Ackerland der Bauern haben die Projektleiter eines Bauunternehmens eine hohe Mauer errichtet. Dahinter wird ge-hämmert, gesägt und geschweißt, es entsteht ein moderner Wohn-komplex. International City Center steht auf großen Werbeplaka-ten. Aufnahmen zeigen ein westliches Paar in einer modernen Wohnung mit viel Leder und Chromstahl. Er im schwarzen Anzug und schwarzer Krawatte, sie mit dunkelroten Lippen und hohen Absätzen, die langen Beine elegant übereinandergeschlagen. Vor dem überlebensgroßen Plakat füllen Bauarbeiter mit orangefarbe-nen Helmen und dreckigen Kleidern einen Handwagen mit Schutt. Gebaut wird rund um die Uhr, es ist Sonntag.

Ich treffe die Bauern vor der Baustelle, die auf ihrem ehemaligen Ackerland entstanden ist. Sie erzählen, dass sie seit fünf Jahren mit Petitionen um ihre Rechte kämpfen. Sie berufen sich dabei auf ihr Nutzungsrecht und den Pachtvertrag, den sie mit dem Dorf abge-schlossen haben. »Es ist zum Verzweifeln«, sagt Frau Chen, die die Gruppe anführt. »Es gibt keine Anlaufstelle für uns. Niemand sieht sich unsere Petitionen an.«

Die Bauern haben alles versucht: Sie haben sich Scharmützel mit der Polizei und der Abbruchmannschaft geliefert, sie haben vor dem lokalen Regierungsgebäude gegen die Landenteignung protes-tiert und reisten schließlich nach Peking, um beim staatlichen Be-schwerdebüro ihre Rechte einzufordern. Doch sie wurden von Sicherheitsleuten aus Sichuan abgefangen, zurückgeschafft und vorübergehend festgenommen. Vier der Bauern sind noch immer inhaftiert. Eine junge Frau zeigt mir ein Foto ihres Vaters, das sie bei sich trägt. »Mein Vater ist noch im Gefängnis. Bauern, die frei-kamen, sagten mir, dass er dort geschlagen wird. Ich weiß nicht, ob er noch lebt. Meine Mutter weint den ganzen Tag. Wir sind ein-fache Leute, wir wissen nicht, wie wir uns wehren können«, erklärt sie mit Tränen in den Augen.

Auf dem ehemaligen Land der Bauern hat die Immobilienfirma einen Verkaufspavillon aufgestellt. Die jungen Frauen, die hinter der Rezeption stehen, strecken mir eine Verkaufsbroschüre entgegen. Ich frage die Frau, ob ich mit einem Manager reden könne, ich würde gerne wissen, was die Immobilienfirma über die Landenteignung weiß. Als wäre sie auf eine solche Situation vorbereitet worden, erklärt sie mir freundlich, dass alle Manager gerade sehr beschäftigt seien. Sonntag sei der beste Verkaufstag. Sie wisse nichts von den Bauern. Ein Interview bekäme ich nicht.

Im Verkaufspavillon betrachten städtische Familien das Modell der luxuriösen Wohnanlage. Frau Chen, die Protestanführerin, hat mit einer Bäuerin das Glasgebäude betreten. In einer roten Filzjacke steht die Bäuerin da und schaut sich das Modell an. Ein Bild sagt mehr als tausend Worte, denke ich. Frau Chen sieht sich die Preisliste der Wohnungen an, die auf ihrem ehemaligen Land entstehen. Pro Quadratmeter kosten die Wohnungen 1200 Dollar – fast ein durchschnittliches Jahreseinkommen einer Bauernfamilie.

»Die Bauern sind die Verlierer des Wirtschaftsbooms. Wir werden geopfert für die Entwicklung des Landes«, sagt Frau Chen. Die Bauernfamilien sollen in Wohnungen weit außerhalb der Stadt umgesiedelt werden. Ohne soziales Netzwerk, ohne Felder und ohne Arbeit haben sie da kaum Perspektiven. Ich schaue mir ihre Verträge an. Die Familien, die unterschrieben haben, sollen umgerechnet knapp 3000 Franken Kompensation erhalten. Bis dahin erhalten sie 30 Franken Monatsunterhalt.

Der stellvertretende Parteisekretär des zuständigen Landkreises erklärt mir beim Mittagessen, dass praktisch alle Bauern den Kompensationsvertrag unterschrieben und ihr Land freiwillig verlassen hätten. Laut den Bauern hat nur ein Drittel der 2000 Familien unterschrieben. Die anderen wollen ihr Land zurück.

Nur eine Landreform könnte den Bauern mehr Rechte geben. Bei den Eröffnungsreden an Parteitagen und Nationalen Volkskongressen sagte die Führung der Korruption zwar immer den Kampf an und warnte vor dem sozialen Zündstoff, doch die

Landreform wird stets verschoben, das Ackerland der Bauern bleibt im Besitz des Kollektivs.

Überall in China nehmen die Menschen ihre Interessen zunehmend selber in die Hand. Meldungen über randalierende Bürger, die sich gegen Behördenwillkür wehren, mehren sich. Die chinesischen Medien berichten über angezündete Polizeiautos, gestürmte Regierungsgebäude und verletzte Sicherheitskräfte.

In Peking treffe ich Wang Cailing, der Tausende verzweifelte, wütende Bauern vertritt. Der Konflikt um Land gefährde die soziale und die politische Stabilität, lautet sein Urteil. »Nur die Privatisierung des Bauernlandes kann den Konflikt entschärfen, doch davor schreckt die kommunistische Regierung nach wie vor zurück. Mit den Einnahmen vom Landverkauf können Beamte Wachstum vorweisen und werden befördert. Ohne politische Reform wird die Zentralregierung die Unterstützung der Bevölkerung verlieren«, warnt der renommierte Anwalt.

2012 publiziert Amnesty International den Report »Standing their ground« – ein 85-seitiges Dokument über Zwangsräumungen und Landenteignungen in China. Das Urteil der Nichtregierungsorganisation bestätigt, was ich über die Jahre hinweg erlebt habe: Die gewaltsamen Enteignungen haben signifikant zugenommen.

2013, beim dritten Plenum des 18. Zentralkomitees der Kommunistischen Partei Chinas unter der neuen Führung, wird die Frage nach den Eigentumsrechten der Bauern an ihrem Grund und Boden zumindest behandelt: »Ein einheitlicher Markt für Baugrundstücke in Städten und Dörfern soll aufgebaut werden«, heißt es im Schlusskommuniqué. Mehr aber auch nicht.

Die Anzahl der sozialen Unruhen hat sich in der letzten Dekade verdreifacht auf 180 000 im Jahr. Über die Hälfte davon waren Bauernaufstände wegen Landenteignung. Ein Barometer für die Stimmung im Volk ist für die Führer in Peking auch das Dorf der Bittsteller. In einem Viertel rund um den Südbahnhof leben Chinas desillusionierte Bürger, die in die Hauptstadt gekommen sind, um beim staatlichen Beschwerdebüro und somit beim

Obersten Volksgerichtshof Klage gegen die Willkür der Lokalbehörden einzureichen. Das Petitionswesen stammt aus der Kaiserzeit und ist noch immer die einzige legale Möglichkeit für Bürger, ihrem Unmut Ausdruck zu verleihen. Das Dorf wurde abgerissen, doch die Menschen leben weiter in den Ruinen oder den billigen Hotels, die Betten für umgerechnet 50 Cent die Nacht anbieten. Im Dorf der Petitionäre treffe ich Menschen aus ganz China, die sich Gerechtigkeit von der Zentralregierung erhoffen. Doch sie werden nicht angehört, sondern verjagt oder verhaftet. Oder sie warten jahrelang.

Ich gebe einigen der Petitionäre meine Visitenkarte. Am nächsten Morgen fängt mein Fax an zu rattern und hört nicht mehr auf. Beschwerdebriefe laufen ein, Kopien von nicht eingehaltenen Verträgen, von enteigneten Grundstücken, Arztberichte von gebrochenen Knochen, Suchmeldungen von Eltern entführter Kinder und ein Hilferuf einer Frau, deren Mann mit Benzin übergossen und angezündet wurde, nachdem er sich bei der örtlichen Polizei wiederholt über einen Staatsbetrieb beklagt und gedroht hatte, einen Protest zu organisieren, wenn die Löhne erneut nicht ausgezahlt würden. Geschichten von Gewalt, Machtmissbrauch und Behördenwillkür. Seite um Seite Elend, Schmerz und Tränen. Diese Menschen sind verzweifelt, sie ergreifen jeden Strohhalm, der sich ihnen bietet. Von ausländischen Journalisten erhoffen sie sich Hilfe, doch ich kann oft nur zuhören. Publizieren kann ich nur, wenn die Redaktionen in Zürich die Geschichte auch wollen. Beiträge, die Direkthilfe für die Menschen bedeuten können, sind meist solche, die am Image von großen Kooperationen kratzen. Ein solcher Beitrag kann im besten Fall auch nachträgliche Entschädigungszahlungen an geprellte, verletzte und kranke Arbeiter auslösen. Das habe ich auch schon erlebt. Behördenwillkür und Machtmissbrauch zu thematisieren, ist Teil der unabhängigen Berichterstattung – in China genauso wie in jedem anderen Land. Dazu kommt, dass den chinesischen Medien oft ein Maulkorb angelegt wird. Auch bei den illegalen Landenteignungen.

»Arbeiten wie ein Poet, kämpfen wie ein Soldat«

Ich besuche eine Vorlesung zum Thema. Wang Keqin, Chinas berühmtester Enthüllungsjournalist, ist Professor an der Pekinger Universität. Wang ist ein Mann, der die Grenzen der Meinungsfreiheit testet. Seine Geschichten über Korruption, Wirtschaftskriminalität und Gesundheitsskandale sind akribisch recherchiert. Wang ist bekannt als der Journalist, der nach jedem Interview, jeder Zeugenaussage den Interviewten die gemachten Aussagen unterschreiben und abstempeln lässt. Wer in China investigativ arbeitet, muss sich absichern, sagt er.

An einen Grundsatz des chinesischen Journalismus hat sich auch Wang immer gehalten: Er hat in seinen Berichten nur die unteren Ränge der Partei angegriffen, nie die Spitzenpolitiker. Das war auch der Fall bei der Geschichte, die er an diesem Abend erzählt. Während der Vorlesung stehe ich ganz hinten im Saal, jeder Sitzplatz ist besetzt.

Wang spielt ein Video ab, das Erschütterndes zeigt. Schlägertrupps der Lokalregierung greifen Bauern an, die auf ihrem konfiszierten Land Zelte aufgebaut haben. Auf dem Ackerland soll ein staatliches Kraftwerk entstehen. Der Kampf der Bauern um ihr Land kostet sie viel Blut. Die Schläger, die auf dem Video in blauen Helmen und Tarnjacken erkennbar sind, verletzen über hundert Bauern schwer und erschießen sechs. Als die Schüsse fallen, zucken die Studenten zusammen. »Das ist kein Hollywoodfilm«, sagt Wang, als das Licht angeht. »Das ereignet sich im heutigen China, ein paar Stunden außerhalb von Peking. Die Landenteignung im Dorf Shengyou war illegal. Die Lokalregierung hatte keine Einwilligung vom Dorfkollektiv erhalten, das Land zu bebauen.« Die örtlichen Behörden versuchten alles, um den Vorfall zu vertuschen. Das Video bekamen die Journalisten von einem Bauern.

Wang zeigt Fotos der Waffen, mit denen die Bauern angegriffen wurden. Holzlanzen mit Metallspitzen und einem gebogenen scharfen Messer, das seitlich absteht wie bei einer Sichel. »Auch wenn ihr so etwas nicht publizieren könnt, es ist eure Pflicht als Journalisten, alles genau zu dokumentieren und Missstände festzuhalten«, ermahnt Wang die verdatterten Studenten.

Wang nickt, als er von meinen Interviews und Aufnahmen in Sichuan hört. Weitermachen, sagt er, du kannst wenigstens sicher sein, dass du publizieren kannst. »Für einen chinesischen Journalisten ist es normal, dass Geschichten, die er recherchiert, nicht publiziert werden. Das ist sehr frustrierend. Ich sehe all dieses Unrecht, die hilflosen Menschen. Und ich kann nichts tun, um ihnen zu helfen. Das macht mich unglaublich traurig. Doch ich werde weitermachen.«

Über 30 chinesische Journalisten waren in Shengyou, um den Vorfall zu dokumentieren. Publizieren konnte nur Wang Keqing. »Warum?«, frage ich ihn. Er erklärt mir das Prinzip. Wenn man mit einem Bericht einer politischen Fraktion schadet, kann man das nur tun, wenn eine höhere politische Fraktion vom Bericht profitiert und den Journalisten beschützt. So kam Wang Keqing zu seinem Job bei der »China Economic Times«. Er publizierte, als er noch bei der »Gansu Economic Daily« arbeitete, eine Reportage über Firmen, die Anleger um viel Geld brachten. Nach dem Report kam es zu Haftstrafen unter den Firmenbossen, die Zeitung wurde vorübergehend geschlossen, Wang erhielt Morddrohungen.

Zu dieser Zeit fuhr Premier Zhu Rongji einen harten Antikorruptionskurs und ermunterte Journalisten, Lokalbehörden auf die Finger zu schauen. Um zu demonstrieren, dass er es ernst meinte, verschaffte Zhu Rongji Wang einen Job bei der »China Economic Times«, die dem Pekinger Staatsrat unterstand. Als chinesischer Journalist müsse man jeden Schachzug seiner Gegner und das Gesetz genau kennen, sonst bringe man sich selber in große Gefahr, sagt Wang in seiner Vorlesung.

»800 Millionen Bauern, Regierung und Entwickler kämpfen um Landressourcen. Es ist die Pflicht eines Journalisten zu überwachen, ob die Bauern zu ihren Rechten kommen.« Am Abend nach der Vorlesung beschließe ich, nach Shengyou zu fahren, um mir ein Bild vor Ort zu machen. Ich kann nicht mehr vergessen, was Wang

Keqing seinen Studenten gesagt hatte: Ein Journalist soll arbeiten mit dem Herzen eines Poeten, schreiben wie ein Historiker und kämpfen wie ein Soldat.

Gewaltsame Begegnung mit »Dorfbewohnern«

Das Dorf Shengyou liegt drei Autostunden südlich von Peking entfernt. Wir sind wieder das bewährte Team aus Chengdu: Produzentin Lisha, Kameramann Diego Herrero und ich. Mit seinem unverwüstlichen Humor und dem theatralischen, überschwänglichen Naturell eines Vollblutspaniers ist Diego eine Geheimwaffe im Umgang mit der Landbevölkerung und den Lokalbehörden. Chinesische Männer reagieren auf seine joviale Art nach dem Motto »Lass uns das einmal von Mann zu Mann besprechen«. Chinesische Frauen erliegen seinen charmanten Komplimenten à la »Du bist wunderschön«. Lisha verdreht dann gewöhnlich die Augen und ich grinse.

Eine Geschichte von Diego machte unter den ausländischen Journalisten in Peking die Runde: Mein Kameramann hatte einmal mit dem Filmstativ eine Tür eingeschlagen, um sein Team aus einem Restaurant zu befreien, wo es provisorisch festgehalten wurde, nachdem lokale Beamte die Polizei benachrichtigt hatten. Er räumte die Beamten buchstäblich aus dem Weg, sodass er mit Journalist und Produzentin fliehen konnte.

Lisha ist gewissenhaft und eine hartnäckige Rechercheurin mit einem ausgeprägten Gerechtigkeitssinn. Darum arbeite sie für die ausländischen Medien und nicht für die chinesischen, die vorschreiben, was man tun und lassen muss. Lisha war bei der englischen Zeitschrift »Guardian« und wusste, wie ausländische Journalisten arbeiten, bevor sie zu mir kam.

Viele Eltern meiner chinesischen Mitarbeiterinnen waren nicht glücklich über die Entscheidung ihrer Töchter, für ausländische Medien zu arbeiten. Das war auch verständlich. Denn die Recherche von sensitiven Themen, die möglicherweise auch Kritik am

Staatsapparat beinhalten, kann riskant sein für chinesische Mitarbeiter. Die, die es trotzdem machen, machen es aus Überzeugung. Mutige junge Frauen, die ich hoch schätze.

Im Dorf Shengyou angekommen, spüre ich eine angespannte Stimmung. Die Dorfbewohner kämpfen noch immer um ihr Land, einige sind erneut verhaftet worden. Eine Frau deutet uns an, mitzukommen. In sicherem Abstand betreten wir den Innenhof. Ihr Vater sei seit dem Angriff der Lokalbehörden im Gefängnis, ihre Mutter im Arbeitslager, erzählt die Frau. Sie selber wohne nicht mehr hier. Vor der Kamera kann sie nichts Konkretes sagen. Die Lokalregierung hat den Anwohnern gedroht, sie zu verhaften, falls sie mit Journalisten über den Vorfall reden. Informationen erhalten wir »off the records«.

Wir hören Schritte vor dem Haus und verharren mit angehaltenem Atem. Ich bin beunruhigt. Wir müssen weg, um die Leute nicht in Gefahr zu bringen. Als wir das Dorf verlassen, kommen uns zwei Motorräder mit drei Männern entgegen. Diego nimmt schnell das Tape mit den Filmaufnahmen aus dem Dorf aus der Kamera. Ich stecke es in mein Unterleibchen. Er legt ein anderes Tape ein mit harmlosen Landschaftsaufnahmen – für den Fall, dass die Beamten uns zwingen sollten, unsere Aufnahmen vorzuführen.

Die drei Männer stoppen uns. Sie stellen sich uns vor als Dorfbewohner, doch es sind Polizisten in Zivil. Sie sind aggressiv, sie haben den »Killerblick«, wie es Diego später beschreibt. Ich frage noch, ob sie uns ein Interview geben können, doch der Mann fasst mich bereits am Arm und zerrt mich in Richtung der schwarzen Autos, die über den Landweg auf uns zukommen. An der Wegkreuzung, wo die Autos anhalten, erwarten uns sechs weitere Männer. Einer entreißt Diego gewaltsam die Kamera, ein weiterer greift nach meiner Tasche und meinem Notizbuch. Ich wehre mich, werde gestoßen, geboxt, getreten und verliere die Balance. Lisha lassen die Männer in Ruhe. Sie verfrachten uns in ein Auto. Ich rufe die Schweizer Botschaft in Peking an, dann meine Betreuerin im chinesischen Außenministerium.

Während ich telefoniere, schlägt mir einer der Männer heftig mit der Faust auf den Kopf und brüllt, ich solle aufhören. Als ich das nicht tue, reißt er an meinen Haaren. Ich will ihm das Telefon übergeben, am Apparat sei das Außenministerium, doch er macht nur eine abschätzige Handbewegung. Mit den Schergen lässt sich nicht verhandeln, ich hoffe auf einen höheren Beamten.

Die Männer bringen uns zum Gemeindehaus gleich neben der Polizeistation. Dort beginnt das Verhör. Mit wem haben wir gesprochen? Warum waren wir hier? Warum hatten wir nicht erst die Bewilligung der Behörden eingeholt, bevor wir hierherkamen? Ob wir nicht wissen, dass wir eine Straftat begehen?

Nach zwei Stunden trifft ein lokaler Vertreter des Außenministeriums ein. Er ist freundlich. Er beharrt nicht darauf, dass ich ihm die Namen unserer Interviewpartner angebe – was ich ohnehin nicht gemacht hätte.

In diesem Moment bin ich froh, dass wir nur eine Frau gefilmt haben, die nichts Konkretes gesagt hat. Der Mann vom Außenministerium beharrt darauf, dass wir zum Filmen erst eine offizielle Bewilligung einholen müssen. Ich zitiere das neue Journalistengesetz vom 1. Januar 2007. Der Mann erklärt mir, dass ich da etwas falsch verstanden habe. Artikel 6 liest sich aber klar und deutlich: »Wenn ausländische Journalisten in China Interviews führen wollen, brauchen sie lediglich die Einwilligung der betroffenen Person oder des Units.«

Die Schergen, die uns angegriffen haben, beschreibt der Beamte als aufgebrachte »Dorfbewohner«, die uns nicht im Dorf haben wollten. Und das, obwohl sie in der gegenüberliegenden Polizeistation ein- und ausgehen. Es ist mir klar, warum er auf dieser Version beharrt. So muss er keinen Fehler von offizieller Seite zugeben und die Behördengewalt hat nie stattgefunden. Ich verlange unsere Kamera zurück. Als der Mann unsere Ausrüstung auf der Polizeistation holt und sich für die »Dorfbewohner« entschuldigt, winke ich müde ab. Vier Stunden nach unserer Festnahme sind wir frei und werden von zwei Polizeiautos flankiert nach Peking zurückgebracht. Das Tape mit den Aufnahmen aus dem Dorf steckt noch immer in meinem Unterleibchen.

»In China werden Reporter nur geschlagen, nicht umgebracht«

Auf der Rückfahrt nach Peking rufe ich den FCCC an, den Foreign Correspondent Club China, eine Verbindung, der alle Auslandskorrespondenten angehören. Hier melden ausländische Korrespondenten Übergriffe. Die Fakten sollen Kollegen vor kritischen Orten warnen und Vorfälle dokumentieren. In Gesprächen mit dem Außenministerium thematisiert der FCCC-Vorstand die Situation der Auslandskorrespondenten und kämpft für mehr Handlungsspielraum.

Solange man nur die Lokalbehörden angreife, sei man sicher, sagt der Enthüllungsreporter Wang Keqing, der als Erster über die Zwangsenteignung in Shengyou berichtete.

Doch Wang Keqing brach seinen eigenen Grundsatz. Er zielte in die höheren Ränge der Regierung und bekam die Konsequenzen zu spüren. Wang recherchierte eine Geschichte über das Gesundheitsministerium und die Regierung in der Provinz Shanxi, wo die Behörden bei einer nationalen Impfkampagne für Kinder geschlampt hatten und das zu vertuschen versuchten.

Weil die Impfstoffe falsch gelagert wurden, wurden sie lebensgefährlich. Vier Kinder starben und 74 erkrankten, nachdem ihnen der Stoff gespritzt worden war. Auch nach Warnung der Ärzte blieben die Lokalbeamten untätig. Sie wollten ihre Gehälter nicht gefährden, die sie von den Pharmakonzernen erhielten, denen sie Verkäufe sicherten. Wang wollte publizieren, bevor noch mehr Kinder zu Schaden kamen. Doch mit dieser Enthüllung, soviel war klar, würden Wang Keqing und sein damaliger Boss die Glaubwürdigkeit der gesamten Regierung infrage stellen. Sie wussten, dass sie viel riskierten. Dann sprach Premier Wen Jiabao vor dem Nationalen Volkskongress darüber, dass es nötig sei, die Arbeit der Lokalregierungen besser zu überwachen, damit das Volk würdevoll leben könne.

Wenn der Premier meinte, was er sagte, dann würde er Wangs Enthüllungen als eine Umsetzung seiner Forderungen verstehen. Am nächsten Tag veröffentlichte die »China Economic Times« den Artikel. Innert Stunden wurde der Impfskandal von den großen Internetportalen im Land übernommen. Jeder Chefredakteur im Land erkannte sofort die Brisanz dieser Geschichte, viele schickten ihre eigenen Reporter los nach Shanxi. Die Lokalbehörden waren überrumpelt und überfordert. Die staatliche Nachrichtenagentur dementierte, die Zentralregierung reagierte mit Zensur, die Berichterstattung zu dem Impfskandal wurde den Medien untersagt. Zwei Monate später wurde der Chefredaktor der »China Economic Times« auf einen Posten im Staatsrat abgeschoben. Wang Keqing erhielt ein Publikationsverbot.

Auf der Rangliste für Pressefreiheit der Organisation Reporter ohne Grenzen steht China von 180 Staaten auf Platz 175. Nur knapp vor Nordkorea und Syrien. »Die Regierung befiehlt den Medien, ihre Augen vor dem Problem zu verschließen, weil das ihrem Ansehen schadet. Aber es könnte schlimmer sein: In Russland werden jedes Jahr immer wieder Reporter ermordet, so etwas passiert in China nicht. Wir werden nur geschlagen. Davon stirbt man nicht so schnell«, scherzt Wang in einem Interview mit dem deutschen Magazin »brand eins«.

Unzählige Male habe ich versucht, Wang Keqing davon zu überzeugen, mich auf eine seiner Recherchen mitzunehmen. Ich wollte einen Film produzieren über diesen unerschrockenen Journalisten, der so leidenschaftlich nach der Wahrheit sucht. Doch immer lehnte Wang ab. Er könne nur allein arbeiten, wenn er sich als Wanderarbeiter, Bauer oder Manager verkleide. Mit einer westlichen Journalistin zusammen sei das unmöglich. Natürlich hatte Wang recht.

Nach dem Vorfall in Shengyou und einem Debriefing in der Schweizer Botschaft in Peking rief das chinesische Außenministerium an. Die für mich zuständige Person wollte mich zum Tee treffen. Ich erwartete eine Moralpredigt und Ermahnungen – und war auf Konsequenzen vorbereitet. Das Gegenteil war jedoch der Fall. Sie entschuldigte sich für die Unwissenheit der Lokalbehörden und legte mir nahe, sie das nächste Mal zu informieren, bevor ich eine »heikle« Geschichte plane, damit sie sich rechtzeitig einschalten könne. So weit ging ich nicht. Doch das Gespräch verlief überraschend offen und freundlich.

Der Angriff kam später – aus der Schweiz. Eine verlässliche Quelle warnte mich: Schweizer Geschäftsleute mit China-Verbindungen wollen Unterschriften sammeln, damit ich als China-Korrespondentin des Schweizer Fernsehens ersetzt würde. Meine Berichterstattung schade den schweizerisch-chinesischen Handelsbeziehungen.

Ich war amüsiert und erstaunt: Ich schien gewisse Exponenten der Schweizer Wirtschaft mit meiner Berichterstattung mehr zu irritieren als das chinesische Außenministerium. Trotzdem blieb ich China-Korrespondentin. Und tat weiterhin, was ich für richtig hielt: mich nicht nur mit der faszinierenden Dynamik Chinas zu befassen, sondern auch mit den Schattenseiten dieses Riesenreichs. Von einem Journalismus, der von Anbiederung, Gefälligkeit und beflissenem Wegsehen bestimmt wird, halte ich nichts.

Ich fühle mich westlichen Standards verpflichtet, journalistischen wie demokratischen, ich halte es für meine Pflicht, auf Despotismus, Willkür, Gier und nackte Gewalt hinzuweisen. Nicht zuletzt deshalb, weil ich die Hinweise, die mich zu meinen Geschichten führen, oft von Chinesen selber erhalte, die offenbar nichts Falsches darin sehen, Unrecht anzuprangern.

Das oft gehörte und auch vom ehemaligen deutschen Bundeskanzler Helmut Schmidt geteilte Argument, man solle die chinesische Führung vor »eurozentrischen Menschenrechts- und Demokratie-Predigten« verschonen, vermag mich nicht zu begeistern. Gewalt ist Gewalt, in jeder Gesellschaft, leiden können unter ihr auch Chinesen, denen es materiell besser geht als früher.

Beste Pisa-Ergebnisse, aber kein Nobelpreis – Chinas Erziehungssystem im Umbruch

>»Im Westen ist das Management der Kinder locker, sie können ihre eigene Persönlichkeit entwickeln. In China gibt es nur Lernen. Nichts anderes. Ein freches, verspieltes Kind, das sich nicht konzentrieren kann, ist ein Übel für chinesische Eltern, das gilt auch für mich.«
>
> Zhang Jianhua, Vater

>»In der Oberstufe schleifen sie dich, bis du keine Kanten mehr hast. Am Anfang sind wir noch voller Leben und Träume. Aber unter dem starken Druck, wenn sie uns pausenlos antreiben, bleiben unsere Träume auf der Strecke. Am Ende sind wir gezähmt vom System – bereit für die Gesellschaft.«
>
> Yan Yuran, Schülerin

Unsere Tochter Lara wurde als Chinesin geboren. Sie kam im Beijing United Hospital zur Welt und bekam eine chinesische Geburtsurkunde. Auf dem dunkelgrünen Plastikumschlag stand in goldenen Schriftzeichen: »The peoples republic of China«.

Da China keine doppelte Staatsbürgerschaft anerkennt, fragt uns die Spitaladministration, welche Nationalität wir denn bevorzugen? Ob wir die chinesische Staatsbürgerschaft unserer Tochter nicht annehmen wollen? Nein, das wollten wir nicht, denn wir mussten uns zwischen dem chinesischen, dem Schweizer oder dem EU-Pass entscheiden. Die Wahl fiel uns nicht schwer: Der Schweizer Pass machte klar das Rennen. Bis Lara China zum ersten Mal verlassen sollte, war sie jedoch Chinesin. Ihr Schweizer Pass war bestellt, das ging ganz problemlos über die Schweizer Botschaft in Peking. Bedeutend schwieriger als die Formalitäten war das Passfoto.

Chinesisch effizient bot das Spital einen Passfoto-Dienst an, den wir in Anspruch nahmen, als Lara gerade einmal drei Tage alt war. Ein Foto von einem Neugeborenen mit offenen Augen zu schießen, ist gar nicht so einfach. Die nette Frau der Spitaladministration bestellte einen Fotografen, der mit Kamera und einer Assistentin vorbeikam. Sie hatte einen Sack voller Rasseln, Trommeln und sonstiger Spielzeuge bei sich: lauter Utensilien, die Lärm machten und Klein-Lara dazu bringen sollten, ihre Augen aufzureißen und in die Linse zu gucken. Es dauerte gut eine Stunde, bis wir ein brauchbares Foto hatten.

Mit Lara kam auch Li Jing, unsere chinesische Nanny zu uns. Als ich schwanger war, führten wir diverse Gespräche mit jungen Frauen, die uns über eine Agentur in Peking vermittelt wurden. Es war schwierig, sich ein Urteil zu bilden. Denn das Vorstellungsgespräch fand in Begleitung der Agenturchefin statt, die uns die verschiedenen Nannys anpries. Trotzdem fanden wir eine junge Frau, zu der mein Mann und ich sofort einen Draht hatten: Li Jing.

Mit ihrem Kleopatra-Haarschnitt, dem breiten Lachen und ausgefallenen Kleidungsstil hätte Li Jing locker an der Londoner Fashionweek Furore gemacht. Mich eroberte sie im Sturm. An ihrem ersten Arbeitstag öffnete ich ihr die Türe mit Lara auf dem Arm. »Let me help you«, sagte Li Jing und nahm mir mit sanfter Entschlossenheit die brüllende Kleine ab. Ich war im Himmel. Ich ahnte zu diesem Zeitpunkt noch nicht, dass lange Diskussionen über Kinderernährung und Erziehung folgen würden.

Die erste Diskussion, die ich mit Li Jing führte, hatte nichts mit ihrem Job zu tun, sondern mit ihrem Namen, den ich sehr mochte. Wobei Li der Nachname und Jing der Vorname ist. Die Chinesen stellen ihren Nachnamen vor den Vornamen. Als ich Li Jing erzählte, wie lange wir gebraucht hätten, um für unsere Tochter einen

Namen zu finden, der meinem Mann und mir gleichermaßen gefiel, erzählte Li Jing, wie sie zu ihrem Namen gekommen war.

Li Jings Eltern waren sich auch nach ihrer Geburt immer noch nicht einig, wie sie ihre Tochter nennen wollten. Auch weil die Enttäuschung darüber, dass die kleine Li ein Mädchen und kein Junge war, die Namensfindung überschattete. Li Jing war zwei Wochen alt und noch immer ohne Namen, als ihr Vater sie registrieren ließ. Als er hörte, wie der Mann vor ihm am Schalter eine Li Jing registrieren ließ, tat er es ihm gleich.

»Als ob es nicht schon genug Lis gäbe«, seufzte Li Jing, die sich darüber lustig machte, dass ihre Familie nie Post bekomme, weil ganz China Li heiße. Genau genommen tragen in China 93 Millionen Menschen den Nachnamen Li, 95 Millionen Wang und 90 Millionen Zhang. Zhang, Wang und Li ist den Chinesen also, was den Schweizern ihr Meier und Müller ist.

Dass Li Jings Eltern kein großes Theater um den Namen ihrer Tochter machten, ist in China eher außergewöhnlich. Die meisten chinesischen Eltern nehmen die Namenssuche sehr ernst. So hat meine Freundin Tammy sich lange über die Bedeutung des Namens ihrer ersten Tochter den Kopf zerbrochen. Sie erzählte mir auch von Freundinnen, die während der Namenssuche einen Wahrsager aufsuchten. Tammy Hu, die in London Wirtschaft studiert hatte und eine höchst pragmatische Frau ist, erklärte mir, dass es wichtig sei, einen Namen zu finden, der Glück bringe und die Vorzüge einer Person hervorhebe. Ihre älteste Tochter heißt Lien Cypress decent, wobei Lien der Familienname von Tammys Mann ist, ihre zweite Tochter Lien Cypress natural. Im chinesischen macht das durchaus Sinn, denn Cypress steht für Ausdauer und Resistenz. Wenn man die Schriftzeichen wortwörtlich übersetzt, wird aber klar, dass das oft nicht funktioniert.

Die ältere Generation, die noch Mao erlebt hat, trägt nicht selten die Revolution im Namen. Ein Bekannter von mir zum Beispiel heißt Han Dongfang. Dongfang bedeutet »der Osten«. Seine Eltern wurden zu diesem Namen inspiriert durch das berühmte

Revolutionslied und Lob auf Mao Zedong »Dongfang Hong – der Osten ist rot«.

Heute ist es modern, sich zum chinesischen Namen noch einen englischen zu geben, vor allem, wenn man bei einer ausländischen Firma arbeitet. Die Chinesen, mit denen ich zusammenarbeitete, hießen beispielsweise Sissi, Amanda, Sophie, Horace und Owen.

Unsere Nanny Li Jing gab sich später den Namen Jasmin. Ich musste an Li Jing denken, als die Regierung in China das Wort »Jasmin« auf dem Internet sperren ließ im Zuge des arabischen Frühlings, der als »Jasmin-Revolution« bezeichnet wurde.

Der Versuch, sich mit einem international klingenden Namen auszustatten, birgt also immer auch ein Risiko. So lernte ich eine »Camel« und auch eine »Table« kennen. Wie sie zu diesen Namen gekommen waren, kann ich mir nicht erklären. Oft handelt es sich aber auch um die gescheiterte Bemühung, eine chinesische Silbe ins Englische zu retten. Von den ausgefallensten Namen erfuhr ich über meine Kameramänner, die mir von ihren Liebesbeziehungen mit chinesischen Frauen erzählten. So ging Diego, mit dem ich oft arbeitete, mit Frauen namens »Rainbow« und »Pizzahut« aus.

Erziehungsmix aus Überfürsorglichkeit und Disziplin

Li Jing oder Jasmin Li hatte ihre eigenen Vorstellungen von Kindererziehung. Eine Mutter dürfe die ersten drei Monate nach der Geburt das Haus nicht verlassen, verkündete sie an ihrem zweiten Arbeitstag. Sie hatte mich gerade bei der Tür abgepasst, als ich im Wintermantel die Wohnung zu einer Fußmassage verlassen wollte. Li Jing schaute mich mit ernster Miene an. Ich zog den Wintermantel aus und setzte mich. Ich war neugierig.

Es sei ein alter Brauch erklärt Li Jing, eine Frau müsse das Innere ihres Körpers warmhalten, vor allem nach der Schwangerschaft. Die Muskeln seien durch die Schwangerschaft und die Geburt gedehnt, und die kalte Luft könne besonders leicht in den geschwächten Körper eindringen. Habe sich die kalte Luft einmal im Körper eingenistet, bleibe sie dort und der Körper brauche viel länger, um sich zu erholen, was später häufig zu Krankheiten führen könne. Deshalb bleibt in China eine Frau nach der Geburt drei Monate bei ihren Eltern oder den Eltern des Ehemannes und wird umsorgt.

Bei meinen Ausflügen an die kalte Luft fanden wir schließlich einen Kompromiss, beim Essen auch. Li Jing versicherte mir, dass Reissuppe für ein Baby das einzig Richtige sei, ich schwor auf Gemüsepüree. So wechselten wir ab und Lara bekam aus beiden Kulturen das Beste. Längere Diskussionen, die ich sehr spannend fand und mir einen anderen Einblick in die Kultur ermöglichten, gab es bei der Erziehungsmethode. Die chinesische Mischung aus Überfürsorglichkeit und Disziplin ist eine eigene.

In China werden die Kinder vor allen möglichen Gefahren geschützt und aus meiner Sicht stark überbehütet. Meine Haltung ist jedoch eher die, dass Kinder nur dann etwas lernen, wenn man sie machen lässt – natürlich mit der nötigen Überwachung und Begleitung. Das barg natürlich Konfliktpotenzial, wie sich an diesem Beispiel zeigt: Lara wollte ständig die Glühbirne der Tischlampe anfassen. Nach endlosem Drama und Tränen ließ ich sie das tun, nachdem ich mich vergewissert hatte, dass die Birne nicht so heiß war, um ihr wehzutun, aber doch warm genug, damit das Thema für Lara von diesem Tag an erledigt war. Li Jing war schockiert. Mein Learning-by-doing-Ansatz vertrug sich schlecht mit den chinesischen Erziehungsmethoden, die sie aus eigener Erfahrung kannte.

Li Jing hat bald einiges der westlichen Erziehungsmethoden übernommen. Aus Überzeugung, nicht weil sie es mir recht machen wollte. Nachdem wir Peking verließen, arbeitete sie in Kanada als Kindermädchen bei einer chinesischen Familie und hat mir kürzlich geschrieben: »Ich kann die Eltern einfach nicht dazu bringen, ihre einjährige Tochter mehr machen zu lassen, Neues auszuprobieren. Sie ist völlig behütet, verwöhnt und entwickelt sich daher langsamer als die kanadischen Babys um sie herum. Die Kleine ist schwächer und schüchterner als die kanadischen Kinder im gleichen Alter.«

Lara gewöhnte sich sehr früh an verschiedene Ort und fremde Menschen. Sie reiste mit Li Jing, Tomas, unserer Produzentin und mir durch ganz China und über die Landesgrenzen hinaus. Sie liebte Flugzeuge genauso wie Hotels. Und kaum konnte sie reden, nahm sie im Hotelzimmer den Telefonhörer in die Hand und sagte: »Milk please.« Das mit dem Zimmer-Service hatte sie schneller gelernt, als mir lieb war, denn dieser war nicht in unserem Budget.

Flughäfen waren für Lara das, was für die meisten Schweizer Kinder Bahnhöfe sind. Kaum konnte meine Tochter reden, sagte sie dem Beamten bei der Passkontrolle selbstbewusst: »Lara Uma, three years old« und beim Sicherheitscheck legte sie ihr kleines Täschchen eigenhändig aufs Fließband. Im Flugzeug wusste sie, wo die Kopfhörer sind und wie sie sich die Aufmerksamkeit der Stewardessen sicherte.

Wir landeten an einem Ort, checkten im Hotel ein, Tomas, unsere Produzentin und ich fingen an zu drehen, Li Jing spielte mit Lara. Am Abend brachte einer von uns die Kleine zu Bett: Abendessen, baden, Gute-Nacht-Geschichte, dann fingen wir an zu schreiben und zu schneiden. Unsere Produzentin hatte in der Zwischenzeit die Interviews übersetzt. Die Zeitverschiebung half, es wäre anders gar nicht möglich gewesen. Je nach Zeitzone war ich nach einer Liveschaltung spätestens um 4 Uhr im Hotel zurück, um 6 Uhr erwachte meine Tochter und bald darauf begann ein neuer Arbeitstag.

Als Familie mit einem kleinen Kind auf Reportagereise zu sein, war abenteuerlich und herausfordernd. Ankommen, recherchieren, drehen, schneiden, kommentieren ist eigentlich schon genug. Dazu aber noch der kleinen Tochter Aufmerksamkeit zu schenken, geht nur auf Kosten des Schlafes. Lara schien es jedoch zu genießen, sie beklagte sich eigentlich nur, wenn wir zu lange an einem Ort waren, dann fragte sie: »Wann gehen wir wieder an den Flughafen, es wird langweilig hier.« Ein eigenwilliges Familienleben. Meine E-Mails von unterwegs unterschrieb ich jeweils mit: Liebe Grüße, Barbara & der Wanderzirkus.

Missbräuchliche Umsetzung der Einkindpolitik

Von dem Moment an, da ich eine eigene Familie mit Kindern hatte, begann mich die Thematik nicht nur als Journalistin, sondern auch als Privatperson zu interessieren. Ich drehte einige Beiträge und Reportagen zum Familienleben in China und zur Familienpolitik.

Ein dunkles Kapitel in Chinas Einkindpolitik sind die staatlichen Zwangsabtreibungen. Chen Guangcheng machte das Thema einer breiteren Öffentlichkeit bekannt. Der blinde Aktivist, der Jura studiert hatte, zog den Unmut der Behörden auf sich, weil er Fälle von Zwangsabtreibung und -sterilisation in seiner Region untersuchte und öffentlich machte.

Vier Jahre verbrachte er dafür im Gefängnis. Ab September 2010 stand Chen Guangcheng unter Hausarrest. Er und seine Frau wurden von ihren Aufpassern, die vor Chens Haus standen, oft brutal zusammengeschlagen. Die Dorfbewohner erhielten Geld von Lokalbeamten, um ihn zu bespitzeln. Leute, die ihn besuchen wollten, wurden körperlich angegriffen. Darunter auch ausländische Journalisten.

Im April 2012 gelang es dem Dissidenten, trotz strenger Bewachung, aus seinem Dorf in der Provinz Shandong zu entkommen. Er flüchtete in die US-Botschaft in Peking. Nach langem diplomatischen Seilziehen konnte er in die USA auswandern, wo er heute lebt. Ausländische Korrespondenten, die über den Fall berichteten, wurden von den chinesischen Behörden zurechtgewiesen, einigen wurde angedroht, dass sie ihre Akkreditierung verlieren würden.

In den ländlichen Provinzen, in denen es noch zu staatlichen Zwangsabtreibungen und Zwangssterilisierungen kommt, gibt es eine Ausnahme von der Regel. Die Familien, die als erstes Kind ein

Mädchen haben, dürfen ein zweites Kind bekommen. Vor allem auf dem Land wollen die Leute Söhne. Traditionsgemäß ist ein Sohn, der den Familiennamen weiterträgt, mehr wert. Er kann auf dem Acker mithelfen und unterstützt die Eltern auch finanziell. Die Töchter heiraten jung und ziehen weg zur Familie des Mannes. Die Bauernfamilien, die drei Kinder oder mehr oder zwei Söhne haben, müssen laut Gesetz pro Kind eine einmalige Buße bezahlen. Da die Bußen national nicht festgelegt sind, sind die Familien den Lokalbehörden ausgeliefert.

In Südchina treffe ich Familie Pang. Die Pangs haben drei Kinder und mussten eine deftige Buße bezahlen. Inzwischen haben lokale Beamte entdeckt, wie sie an diesen Mehrkindfamilien zusätzlich Geld verdienen können, und sie fordern von der Bauernfamilie alle sechs Monate einen weiteren Betrag von 5000 Dollar – wie auch von den anderen Familien im Dorf, die gegen die Einkindregel und ihre Ausnahmen verstoßen haben.

»Eines Tages haben die Beamten im Dorf alle verhaftet, die nicht bezahlen konnten. Sie kamen auch zu uns. Als ich ihnen sagte, dass ich nicht bezahlen könne, drohten sie, meine Schweine mitzunehmen.« Pang flüchtete mit seiner Familie in die Berge, als er zurückkam, waren seine Tiere weg. Seine Schwester, die zwei Söhne hat, wurde ins Gefängnis gesperrt, weil sie die Buße von 1000 Dollar, welche die Beamten viele Jahre nach der Geburt ihrer Söhne verlangten, nicht bezahlen konnte. Ähnliche Geschichten höre ich auch im Nachbardorf.

Ein Bauer mit vier Kindern sollte bei einem Monatslohn von 70 Dollar 8000 Dollar Buße pro Jahr bezahlen. »Ich habe vier Kinder, weil ich einen Jungen wollte. Er wird sich später finanziell um uns kümmern, wenn wir alt sind.« In einem Land mit einem schwachen und wenig ausgebildeten Sozialversicherungssystem sind es die Kinder, die ihre Eltern unterhalten, und auf dem Land eben die Söhne.

Die Familien zeigen uns die offiziellen Zahlungsbefehle mit Summen, die den Jahresverdienst der Bauern bei Weitem übersteigen. Wer nicht bezahlt, wird bestraft. Die Dorfbewohner zünden das Gemeindehaus sowie die Autos und Fahrräder der Beamten an – ein verzweifelter Versuch, sich gegen das korrupte System zu wehren. 28 Männer werden ohne Prozess zu Gefängnisstrafen verurteilt, andere stehen unter Hausarrest. Ich besuche das Gemeindehaus und stelle einen der Beamten zur Rede. »Warum treiben Sie mehrmals im Jahr Geld bei diesen Menschen ein, ohne eine gesetzliche Grundlage?«, will ich wissen. Eine Antwort bekomme ich keine, der Beamte informiert die Polizei. Business as usual. Es ist eine von diesen Reisen, bei denen ich nicht ahnen kann, was mich erwartet. Meine Absicht, die Ausnahmen der Einkindpolitik zu dokumentieren, endet in einer Geschichte über Machtmissbrauch und Behördenwillkür.

»Ich bin nicht geeignet, mehrere Kinder zu haben«

Im Dezember 2013 hat die Regierung die Einkindpolitik landesweit gelockert. Paare, bei denen ein Elternteil ein Einzelkind ist, dürfen ein zweites Kind haben. Das Land steht nach dreißig Jahren Geburtenkontrolle vor einer demografischen Herausforderung. Das kontrollierte Wachstum hat zwar eine Bevölkerungsexplosion verhindert, schafft aber das Problem der Überalterung.

Jeder dritte Chinese wird 2050 im Rentenalter sein. China könnte alt werden, bevor es reich wird. Die Steuereinnahmen des Staates sinken durch die schrumpfende Zahl an Erwerbstätigen. Gleichzeitig werden die Altersrenten und Gesundheitskosten rasant wachsen. Auch werden China bald Millionen von Arbeitskräften fehlen, sagt Zhou Haiwang, Experte für Bevölkerungsentwicklung in Schanghai. »Die Leistung der Arbeitskraft geht stark zurück. Arbeitsintensive Industrien erreichen ihr Limit. Wir müssen die ganze Wirtschaftsstruktur verändern.«

Darum müssen mehr Kinder her. In Schanghai, der Stadt mit der tiefsten Geburtenrate in ganz China, erfahre ich: Nicht alle Familien sind begeistert von dieser Idee. An einem Samstagmorgen sitze ich bei Familie Liu in ihrer modernen Dreizimmerwohnung. Die Lius entsprechen vollumfänglich den Regierungskriterien: Sie sind beide Einzelkinder und dürfen daher eine zweites Kind haben. Doch die Lius wollen nicht so, wie die Behörden wollen. »Der Leistungsdruck in meinem Job ist gewaltig, nebenbei ein Kind aufzuziehen ist anstrengend genug und viel schwieriger, als Autofahren zu lernen. Ich bin nicht geeignet, mehrere Kinder zu haben«, sagt Mutter Qin Huaying.

Ihre Schwiegereltern leben bei der jungen Familie und helfen bei der Kindererziehung. Dafür sorgt das Paar finanziell für die Senioren. Ein zweites Kind würde noch mehr finanzielle Verpflichtungen bedeuten. »Die Regierung will zwar, dass wir zwei Kinder haben, aber die Behörden müssen schon konkreter helfen, als uns nur zu ermuntern. Ein zweites Kind bringt viele Probleme mit sich, der Konkurrenzkampf hier ist riesig. Gute Schulen sind teuer, und ohne gute Ausbildung hat ein Kind in China keine Chancen«, erklärt der Vater.

Wie ernst die Ausbildung in China genommen wird, zeigt sich auch im internationalen Vergleich. Die Sieger der letzten Pisa-Studie drücken im Fernen Osten die Schulbank. 2009 nahmen die Schüler aus Schanghai zum ersten Mal am internationalen Leistungsvergleich teil und lagen gleich auf Anhieb in allen Fächern an der Spitze. Getestet wurde in den Kompetenzbereichen Lesen, Mathematik und Naturwissenschaften.

Seither liegt Schanghai bei den Pisa-Studien immer vorne, zusammen mit Singapur, Hongkong, Südkorea und Japan. In diesen Spitzenländern gelang es den Schülern, sich von einem bereits vorhandenen hohen Ausgangsniveau erneut zu steigern. Dadurch sind sie den besten europäischen Ländern wie Liechtenstein und der Schweiz enteilt. In keinem Land gibt es inzwischen mehr Studenten als in China.

Hinter diesem überragenden Abschneiden steht aber auch ein entsprechender Leistungsdruck: Nur die Besten im Land werden an eine Eliteuniversität aufgenommen, darüber entscheidet das sogenannte Gao Kao – ein Examen zur Hochschulaufnahme, zu dem die Schüler landesweit nach der zwölften Klasse antreten. Drill und Druck sind unerbittlich. Alles dient nur einem Ziel: Eine gute Ausbildung zu erhalten, denn das ist in China die Grundlage für Ansehen und Wohlstand. Um es an eine Eliteuniversität zu schaffen, opfern die jungen Menschen ihre Kindheit und Jugend.

»Ein freches, verspieltes Kind ist ein Übel für chinesische Eltern«

Es ist halb sieben Uhr morgens in Schanghai. Chenglin ist müde. Der Achtjährige hat bis um zehn Uhr abends für die Schule gebüffelt – unter Anleitung seiner Mutter. »Meine Hausaufgaben waren nicht schön genug geschrieben, sagten meine Eltern. Darum musste ich alles nochmals machen.« Das Frühstück ist die einzige gemeinsame Mahlzeit der Familie. Die Eltern arbeiten bis spät abends und Chenglin ist in der Tagesschule. Am Frühstückstisch erklärt mir der Vater, wie die Erziehung in China funktioniert: »Im Westen ist die Erziehung locker. Die Kinder können ihre eigene Persönlichkeit entwickeln. Im chinesischen Erziehungssystem ist das Lernen das Wichtigste. Ein freches, verspieltes Kind, das sich nicht konzentrieren kann, ist ein Übel für chinesische Eltern. Das gilt auch für mich«, sagt Zhang Jianhua ernst.

Jeden Morgen fährt Zhang Jianhua mit seinem Sohn eine halbe Stunde durch die Stadt zur Station, wo der Schulbus den Kleinen abholt. Mit dem Bus dauert es nochmals gute dreißig Minuten bis zur Schule, denn die Straßen der Metropole sind schon frühmorgens verstopft. Chenglin verbringt jeden Tag zwei Stunden mit Pendeln. An diesem Morgen fahre ich mit.

Der Junge versinkt in seiner Schuluniform mit dem blütenweißen Hemd. Mit der dunkelgrünen Jacke, der grasgrünen Krawatte und den polierten, schwarzen Schuhen sieht der Achtjährige älter aus, als er ist. Viel Disziplin gleich zu Beginn. In der Xiang-Ming-Grundschule beginnt der Neunstundentag mit Morgengymnastik. Chenglin ist mit wenig Begeisterung dabei, schwerfällig streckt er die Arme über den Kopf, beugt seinen Körper nach links und nach rechts.

Die Kinder an der Xiang-Ming-Schule sind zwischen sechs und zwölf Jahre alt. 1500 Schüler spulen im Gleichtakt die geforderten Bewegungsabläufe ab. Tag für Tag. Nur die besten unter ihnen werden es an eine Eliteoberschule schaffen, die den Weg an eine renommierte Universität ebnet. Vor der Schülerschar steht ein Lehrer mit dem Megafon. Musik und Anweisungen dröhnen ohrenbetäubend aus den Lautsprechern, die an hohen Masten neben der Nationalflagge befestigt sind.

In China entscheidet sich die Zukunft der Kinder schon in der Unterstufe. Auch Chenglin sagt, dass seine Eltern bereits von der Maturitätsprüfung sprechen, seine Schulleistungen seien das Hauptthema zu Hause. Der Junge macht den ganz Tag über ein tapferes Gesicht, doch der Druck ist ihm anzusehen. Im Unterricht geht es hauptsächlich darum, auswendig zu lernen. Im Sprechgesang wiederholen die Kinder die Silben, die ihnen die Lehrerin vorspricht. Mit einem Finger malen sie dazu das entsprechende Schriftzeichen in die Luft.

Die Mittagspause dauert nur eine halbe Stunde. Die Kinder essen im Klassenzimmer. Auf dem Pult der Lehrerin steht ein großer Topf mit Suppe. Die mit Plastikhandschuhen und Mundschutz ausgestattete Lehrerin schöpft den Kindern je eine Blechschale voll.

Um fünf Uhr abends warten Eltern und Großeltern vor der Xiang-Ming-Grundschule auf die Kinder. Chenglin wird von seiner Großmutter abgeholt, und bei ihr zu Hause macht er erst einmal die Hausaufgaben. Noch strenger als der Schulalltag seien die Sommerferien gewesen, erklärt er mir. »Im Juli und August war ich jeden Tag todmüde. Ich musste in die Sommerschule und hatte nur einen Tag pro Woche frei. Ich büffelte nonstop chinesische Vokabeln. Es war todlangweilig«, seufzt der Kleine und beugt sich wieder über die Bücher. Die Großmutter steht einen Schritt hinter ihm und schaut ihm über die Schultern.

Großmutter Lu Yongqin hat ihre Teilzeitarbeit aufgegeben, um sich ganz auf ihren Enkel zu konzentrieren. »Ich hoffe, dass er fokussiert lernt und in allen Fächern die Höchstnoten erreicht. Das sind meine Erwartungen an ihn«, sagt Lu Yongqin streng.

Nach dem Abendessen holen die Eltern ihren Sohn ab, es ist sieben Uhr abends. Chenglins Schule, die zu den guten in Schanghai gehört, kostet die Eltern 3000 Dollar pro Jahr. Es ist ein großes finanzielles Opfer für die Eltern, darum muss es sich auch lohnen. Chenglin weiß, was das bedeutet.

Zu Hause angekommen, wird weitergelernt. Eine kleine Nachttischlampe spendet Licht, Chenglin rezitiert chinesische Vokabeln, dann beugt er sich mit seiner Mutter über das Mathebuch. Es ist schwierig zu sagen, wer müder ist, der kleine Chenglin oder seine Mutter. Nach acht Stunden im Büro verbringt Chen Xiao noch drei Stunden mit ihrem Sohn am Pult.

Auch am Wochenende gibt es keine Familienzeit. Dann besucht der Junge Sonderklassen. »Das chinesische Schulsystem lässt nichts anderes zu, er muss so viel lernen. Mir gefällt das auch nicht, aber es bleibt uns nichts anderes übrig«, sagt seine Mutter. Chen Xiao wirkt gar nicht wie eine »Tiger Mom« – jenes im Bestseller von Amy Chua propagierte chinesische Mutterideal und die Antithese zur westlichen Kuschelpädagogik.

Zwar wendet Chen Xiao bei der Kindererziehung unübersehbar Strenge und Disziplin an. Doch fügt sie leise hinzu: »Es bricht mir fast das Herz.« Sie frage sich immer öfter, ob es nicht einfach darum gehe, dass ihr Sohn glücklich sei und nicht Klassenbester. Doch so lange das System keine Alternativen zum Gao Kao biete, sei es auch für liberal eingestellte Eltern schwierig, einen anderen Weg einzuschlagen.

Auch nach fünfzehn Stunden ist der Tag für Chenglin noch nicht zu Ende. Er übt unter Aufsicht seines Vaters noch eine Stunde auf dem Erhu, einem zweisaitigen chinesischen Streichinstrument. Um zehn Uhr abends die richtigen Töne zu treffen, ist schwierig. Chenglin fallen auf dem Stuhl einige Male die Augen zu, das

Instrument gleitet ihm dabei fast aus der Hand. Bevor er um elf Uhr endlich ins Bett steigt, frage ich ihn noch, was sein größter Wunsch sei: »Ein Tag, an dem ich einfach nur spielen darf.«

»Die Nachteile des chinesischen Schulsystems sind riesig«

Je näher die Schüler der nationalen Maturaprüfung kommen, desto strenger wird es. Was das bedeutet, zeigt der nächste Tag. Schon früh morgens treffe ich bei Familie Yan ein. Die Mutter steht in der Küche und bereitet das Frühstück für ihre Tochter vor: Teigtaschen in Suppe. Nahrhaft muss es sein, es steht ein langer Tag bevor.

Yan Yuran sitzt seit sechs Uhr früh am Computer, gelernt hat sie am Vortag bis Mitternacht. Die siebzehnjährige steht ein Jahr vor dem großen Test. Ihr Frühstück isst sie stehend, sie ist spät dran. »Ich hatte zu viele Hausaufgaben, die habe ich nicht geschafft letzte Nacht, ich bin eingeschlafen, darum musste ich sie heute früh fertig machen. Es wird ein strenger Tag. Dieses Jahr ist besonders streng.« Yan Yuran ist ein schlaksiges Teenagermädchen mit Brille und langen, zu einem Pferdeschwanz gebundenen Haaren.

Auf dem Schulweg geht Yuran im Eilschritt. Sissi Zheng, meine Schanghaier Produzentin, und ich kommen kaum mit. Gael Garon, der französische Kameramann, rennt voraus. Wir passieren das hohe Gittertor von Yurans Oberschule, einer der Eliteschulen in Schanghai.

Der Tag beginnt für die Schüler mit Fahnenaufzug und Nationalhymne. Sie stehen aufrecht in ihren weißen Hemden, die Gesichter der Fahne zugewendet. Dann verteilen sie sich in die Schulklassen. Als die Lehrerin das Klassenzimmer betritt, stehen die Schüler auf und verbeugen sich. Yan Yuran, die Klassenbeste, sitzt in der dritten Reihe.

»Die Lehrer unserer Klasse sind die besten der ganzen Schule. In meiner Klasse sind nur Topstudenten. Wir haben gute Noten und wissen, wie man richtig lernt und was von uns erwartet wird«, sagt sie mit einem Anflug von Stolz. Yuran scheint selbstbewusst und ehrgeizig. Ihre Klassenkameraden erzählen von Schlafstörungen, Depressionen und Panikattacken.

Jedes Jahr kämpfen über neun Millionen Schüler im Land um knapp sieben Millionen Studienplätze. Nicht alle Schüler sind dem Druck gewachsen. In den Wochen vor den nationalen Prüfungen steigt die Selbstmordrate unter Jugendlichen. Die Prüfungswoche im Juni wird in China die »schwarze Woche« genannt.

Immer mehr werden in China kritische Stimmen gegen das strikte Schulsystem laut. »Die Schüler in China dürfen nicht frei denken. Das schädigt den Charakter und die Interessen der Kinder schwer. Es braucht eine Bildungsreform, das System ist nur auf die Aufnahmeprüfungen für Oberschule und Universität ausgerichtet«, kritisiert der Schanghaier Bildungsexperte Xiong Bingqi.

Das chinesische Schulsystem raube den Schülern Kreativität und Eigeninitiative. Das könne später im Geschäftsleben ein großer Nachteil sein, so die Einwände von einigen Bildungsexperten, Schulleitern und Professoren. Universitätsprofessorin Chen Pei Qin kritisiert das aktuelle System, da es junge Menschen nicht auf das Leben vorbereite. »Ich sage meinen Studenten in meinen Vorlesungen: Fragt mich nicht nach der richtigen Antwort. Es gibt viele richtige Antworten auf jede Frage, es gibt verschiedene Betrachtungsweisen. Meine Schüler sind dann immer sehr erstaunt, denn sie haben gelernt, dass nur eine Antwort richtig ist. Wenn sie an die Universität kommen, sind viele Studenten bereits so erschöpft, dass sie keine Motivation mehr haben, sich richtiges Wissen anzueignen. Sie haben es an eine gute Uni geschafft, das ist für sie das Ziel, alles Weitere interessiert sie nicht mehr. Die Nachteile, die dieses System mit sich bringt, sind riesig.«

Nach einem langen Schultag büffeln Yan Yuran und ihre Klassenkameraden in der Schulbibliothek. Und später dann lernt Yuran zu Hause weiter. Es ist Freitagabend, zehn Uhr, ausgehen darf sie nicht. Einen Freund zu haben ist laut Schulstatuten nicht erlaubt, das lenke vom Lernen ab. »In der Oberschule schleifen sie dich, bis du keine Kanten mehr hast. Am Anfang sind wir noch voller Leben und voller Träume. Aber unter dem starken Druck, wenn sie uns pausenlos antreiben, bleiben unsere Träume auf der Strecke. Am Ende sind wir gezähmt vom System. Dann sind wir bereit für die Gesellschaft«, lächelt Yuran.

Beste Pisa-Ergebnisse, aber kein Nobelpreis

Zurück in Peking besuche ich ein Examen zur Hochschulaufnahme. Die Schüler, die langsam auf den Platz strömen, werden am Eingang kontrolliert, so wie bei einem Flughafensicherheitscheck. Sie müssen ihre Mobiltelefone abgeben, damit sie nicht per SMS Hilfe erhalten können. Mit dabei sind die Eltern. Die einen halten sanft die Hände ihrer Kinder, andere geben letzte beschwörende Anweisungen.

Den Jugendlichen steht die Anspannung ins Gesicht geschrieben. Die nächsten zwei Tage werden über die Zukunft der Kinder, ja ganzer Familien entscheiden. Schafft es ein Kind an eine Eliteuniversität, hat es reale Chancen auf einen guten Job, das heißt ein gutes Gehalt und einen höheren Lebensstandard für die ganze Familie. Vor allem für weniger wohlhabende Eltern, die alles für die Ausbildung ihrer Kinder geopfert haben, ist der schulische Erfolg des Nachwuchses untrennbar mit der Hoffnung auf ein besseres Leben verbunden.

Nur wer bei der Uni-Zulassungsprüfung Höchstnoten erreicht, wird an einer Eliteuniversität im Land zugelassen – das sind gerade einmal 0,5 Prozent der chinesischen Schüler. Die anderen werden an eine mittelmäßige Uni in die Provinz abgeschoben, eine dieser Universitäten, die Millionen von arbeitslosen Hochschulabsolventen produzieren.

Vor dem Schulgebäude warten die Eltern, reine Nervenbündel. Mit sorgenvollen Gesichtern tigern sie auf und ab, starren ins Leere oder kauen an den Fingernägeln. Einige Eltern erzählen mir, dass sie die Wochen vor der Prüfung freigenommen haben, um ihre Kinder umsorgen zu können. Eine Mutter erzählt, sie habe einen Koch engagiert, der für das Kind Nahrung zubereite, welche die Gehirnaktivitäten stimulieren und die Konzentration steigern soll.

Doch es gibt in China immer mehr Eltern, die dieses System hinterfragen. Alternativen gibt es in China noch wenige. Studierende mit reichen Eltern gehen ins Ausland, so müssen sie gar nicht erst zum Gao Kao antreten, sondern lernen für die Aufnahmeprüfungen der ausländischen Universitäten, wo die Leistungen anders und vor allem individueller beurteilt werden.

Eine Mehrheit der chinesischen Jugendlichen will im Ausland studieren. Laut Erziehungsministerium befindet sich bereits fast eine halbe Million Chinesen zum Studium im Ausland. Das beliebteste Land ist Amerika, in den USA nimmt der Anteil der chinesischen Studenten jedes Jahr um mindestens 30 Prozent zu. In Europa ist England besonders beliebt.

Doch ein Studium im Ausland sei für chinesische Jugendliche nicht einfach, sagt Universitätsprofessorin Chen Pei Qin, denn die Schulsysteme seien grundverschieden. »In China müssen die Schüler einfach viel auswendig lernen. Je mehr sie sich merken können, desto bessere Noten habe sie. Doch an ausländischen Universitäten werden die Studenten aufgefordert, eigene Recherchen zu einem Thema zu machen und eine These mit eigenen Argumenten zu begründen. Das ist für chinesische Schüler ein Albtraum. Dafür müssen sie sehr hart arbeiten.«

Der Glaube, dass ein Studium im Ausland der einzige Weg zu Reichtum und Ansehen ist, ist bei chinesischen Jugendlichen weit verbreitet. Auch viele Eltern sind der Ansicht, dass ihr Nachwuchs nur mit einem ausländischen Universitätsabschluss für den internationalen Wettbewerb genügend gerüstet ist. Woher dieser Glaube kommt, ist klar. Mit einem Viertel der Weltbevölkerung hat China nur wenige Nobelpreisträger hervorgebracht. Einen in Literatur und einen Friedensnobelpreis, dessen Empfänger Liu Xiaobo in China im Gefängnis sitzt. Er hatte es sich erlaubt, frei zu denken und seine Meinung auch zu äußern. Etwas, das weder gefördert noch toleriert wird.

China, das Land mit den besten Pisa-Ergebnissen hat noch keinen Nobelpreis in Naturwissenschaften erhalten. Nicht eingerechnet sind hier die Nobelpreise in Physik und Chemie, die von Chinesen gewonnen wurden, die seit ihrer Geburt im Ausland leben und dort studiert haben.

Für den Bildungsexperten Xiong Bingqi zeigt das klar die Mängel im jetzigen Schulsystem. »Nur jemand, der seine Persönlichkeit entwickelt, seine individuellen Interessen fördern und seine freie Meinung entfalten kann, hat das Potenzial zum Genie. Nur wer aus Interesse lernt und nicht nur unter Druck ist, kann kreativ und motiviert sein und etwas Außergewöhnliches schaffen. Diese Möglichkeit bietet unser Schulsystem nicht an.«

Einmal an das andere Schulsystem ausländischer Universitäten gewöhnt, erzielen die chinesischen Studenten dort Höchstleistungen in Naturwissenschaften. Und viele bleiben nach dem Studium auch gleich. Chinesen mit einem PhD, die länger als drei Jahre im Ausland gelebt haben, kommen nur selten zurück. Die chinesische Regierung sorgt sich um den »Braindrain« und bietet den Rückkehrern lukrative Programme an. Der »Tausend-Talente-Plan« bietet eine gute Bezahlung, Startkapital für eine eigene Firma oder ein Forschungsprojekt, Steuererleichterungen, freie Wohnung und Gratisausbildung für den Nachwuchs. Das erklärte Ziel der Regierung ist es, in den nächsten zehn Jahren 2000 Akademiker und Unternehmer mit ausländischen PhDs und Forschungserfahrungen nach China zurückzuholen.

Es gibt international sehr erfolgreiche chinesische Unternehmer, die in China studiert haben, zum Beispiel Jack Ma, der Gründer von Alibaba. Doch damit die chinesischen Universitäten vermehrt solche Überflieger hervorbringen, sollte in Chinas Schulen das freie Denken erlaubt und gefördert werden. Es fehlt weder am Potenzial noch am Talent und an den Ressourcen. Es fehlt an der politischen Entscheidung.

Jedes Mal, wenn ich eine chinesische Schule besuche, denke ich, dass etwas von dieser Disziplin unseren Schülern ganz gut tun würde. Doch für mich war immer klar, dass ich meine Kinder nicht auf eine chinesische Schule schicke. Denn meine Kinder sollen ihre eigene Persönlichkeit entwickeln dürfen. Und die braucht Raum und Freiräume.

Das freie Denken ist ein Potenzial, das China heute fehlt. Wenn es Chinas Bürgern erlaubt wäre, frei zu denken und das schon in der Schule gefördert und in eine kreative Richtung gelenkt würde, hätte das Land uns schon lange überholt. Nicht nur bei der Pisa-Studie, sondern auch mit Nobelpreisen und Innovationen.

Das schwere Erbe für die neue Führungsgeneration

»Die Wirtschaft ist zwar gewachsen, aber durch die Massenkraft der Vergangenheit. Es gab praktisch keine Reformfortschritte in China. Sie haben nur einige kleine Anpassungen vorgenommen, die nicht überzeugend waren. Sie haben nichts erreicht, sondern nur alte Muster weitergeführt, ohne Innovationen zu schaffen. Das ist ein politischer Rückschritt. Die letzte Dekade könnte als Schandmal in der Geschichte der kommunistischen Partei angesehen werden.«
Zhang Ming, Politikwissenschaftler, Renmin-Universität, Peking

»Die Rente ist klein, die Steuern sind hoch und die Sozialleistungen gering. Das Nationaleinkommen wächst, und proportional dazu schrumpft das Haushaltseinkommen. Nation rich, people poor, das ist ein Konzept, das wir auf die Dauer ändern müssen.«
Xiang Songzuo, Chefökonom der Agriculture Bank of China

In China steht das größte politische Ereignis seit einer Dekade bevor. Am 8. November 2012 beginnt der 18. Parteikongress der Kommunistischen Partei Chinas. Während der einwöchigen Sitzung wird der Generationenwechsel in der chinesischen Führung eingeleitet. Rund zwei Drittel der alten Parteispitze soll ausscheiden, um der fünften Führungsgeneration Platz zu machen. Es ist ein Ereignis von globaler Bedeutung, denn was China entscheidet, betrifft uns alle.

Meine Berichterstattung zu diesem großen Ereignis beginnt schon viel früher. Ich habe mich daran gewöhnt, dass insbesondere die politische Berichterstattung in diesem Land sorgfältig geplant werden muss. Interviews mit Regimekritikern führt man am besten Monate zuvor, denn je näher der große Tag rückt, desto größer ist die Wahrscheinlichkeit, dass sie unter Hausarrest stehen oder aus der Stadt gebracht wurden. Die Repression in der Hauptstadt richtet sich nach den politischen Ereignissen.

Weder öffentliche Wahlkampagnen noch Fernsehduelle prägen die Monate vor der Machtübergabe, was in diesem Jahr deshalb besonders auffällt, weil zur gleichen Zeit die Präsidentschaftswahl in Amerika stattfindet. Die höchst unterschiedlichen politischen Systeme der beiden wirtschaftlich mächtigsten Staaten der Welt können nicht deutlicher erklärt werden als damit, wie sie ihre oberste politische Führung neu besetzen. In den USA hatte die Bevölkerung die Wahl zwischen Barack Obama und Mitt Romney. In China fand die Wahl des Parteivorsitzenden, dem das Amt des Staatschefs zusteht, im Geheimen statt.

Wenn die vierte Führungsgeneration zum 18. Parteitag zusammenkommt, kann sie sich gratulieren. Die Dekade unter Staatspräsident Hu Jintao und Premierminister Wen Jiabao war geprägt von rasantem Wirtschaftswachstum. China entwickelte sich von der sechst- zur zweitgrößten Volkswirtschaft der Welt. China wurde zum Exportweltmeister. Das Land verfügt mit fast 4 Billionen Dollar Devisenreserven über das größte Fremdwährungspolster weltweit. China hat den größten Automarkt der Welt, die Städte werden modernisiert und der Lebensstandard hat sich verbessert.

Mit gutem Grund wird jedoch auch betont, dass die Grundlagen für Chinas rasantes Wachstum schon unter früheren Staatsführern gelegt worden sind. Als Hu Jintao und Wen Jiabao 2002 ihr Amt antraten, versprachen sie ein nachhaltigeres Wachstum, also kein Wachstum um jeden Preis. China sollte weniger abhängig werden von Exporten, der Schwerindustrie und der Kohle, lautete ihr Credo. Doch das Gegenteil ist geschehen. Unter Hu Jintao und Wen Jiabao hat das Wirtschaftswachstum teilweise ein Rekordhoch erreicht. Die Produktion von Zement und Stahl sowie

die Industrieproduktion haben sich verdreifacht, der Handels-
überschuss verachtfacht. Die Wirtschaftsleistung hat sich mehr als
vervierfacht.

Die Investitionen in die Infrastruktur waren massiv. Die Folge:
eine außergewöhnliche Expansion der Energie-, Transport- und
Kommunikationsnetzwerke, die das Land verlinkten und moder-
nisierten. Gaspipelines wurden von Westen nach Osten gebaut,
Wasserumleitungen von Süden nach Norden in Angriff genommen, neue Flughäfen aus dem Boden gestampft. China lancierte
einen Weltrekord nach dem anderen: die höchstgelegene Eisen-
bahn, das größte Wasserkraftwerk, die längste Hängebrücke – und
landete mit einem Raumschiff auf dem Mond. China stärkte auch
seine militärischen Muskeln. Es lancierte einen Flugzeugträger,
entwickelte ein neues Kampfflugzeug und erhöhte seine Militärausgaben kontinuierlich. Es war eine Dekade geprägt von Zement
und Stahl und Chinas neuem Selbstbewusstsein.

China wurde bekannt als das Land der Wirtschaftswunder,
gleichzeitig hat die Umweltverschmutzung ein gesundheitsbedroh-
liches Ausmaß angenommen und die sozialen Unruhen haben eine
noch nie dagewesene Kadenz erreicht. Noch nie zuvor herrschte
unter kommunistischer Herrschaft eine solche Ungleichheit. Dabei
lautete die Regierungsparole von Hu Jintao: »Eine harmonische Gesellschaft schaffen mithilfe einer wissenschaftlichen Entwicklung«.

»Das sind nur leere Worte, die sich gut anhören. In den letzten
zehn Jahren wurde China ganz und gar nicht harmonisch. Im Gegenteil, wir nähern uns einer Krise, denn die Konflikte und Widersprüche wurden größer. Das größte Versagen der Führung war, dass sie
sich vor sozialen und politischen Reformen gescheut hat. Stattdessen
hat sie ein System zur Erhaltung der sozialen Stabilität geschaffen,
um mit den Konflikten im Land fertig zu werden«, sagt Zhang Ming,
Politikwissenschaftler an der Renmin-Universität in Peking.

Auch die Akademie für Sozialwissenschaften in Peking warnt
vor Chinas ungewissen wirtschaftlichen Entwicklungen und sozialen Krisen. Die Akademiker erwähnen die über 100 000 Volks-

proteste. Die neue Führung müsse »für den Aufbau eines sichereren und gerechten Sozialnetzes sorgen sowie dem Volk gleichberechtigte Teilnahme und gleichberechtigte Entwicklung zusichern«.

Noch kritischer beurteilt Zhang Lifan, Historiker und Sohn des ersten chinesischen Agrarministers Chinas, die abtretende Führung. »China sieht nur oberflächlich gut aus. Doch nur wenige Menschen profitieren vom Wohlstand. Nichts ist geregelt: weder Gesundheitswesen, noch das Pensionssystem oder die Ausbildung für die Landbevölkerung. Die neue Führung muss unbedingt systematische Reformen vorantreiben.«

Herausforderung Wohlstandsgefälle

China hat ein gewaltiges Verteilungsproblem. Während die Ostküste mit den Metropolen Schanghai, Peking und Guangzhou boomt, profitieren die Menschen in den ländlichen Gebieten kaum vom Wirtschaftswachstum. Nirgends sonst auf der Welt nimmt das Wohlstandsgefälle so schnell zu. 251 Dollarmilliardären stehen 150 Millionen Menschen gegenüber, die weniger als einen Dollar pro Tag verdienen. Fast die Hälfte der Chinesen lebt noch in ländlichen Gebieten. Die Bauern sind oft bitterarm, so wie im Dorf Zhangjiang im Süden Chinas.

Zheng Yongtai ist müde. Er steht barfuß in einem dunkelblauen Mao-Kittel auf einem Feld und lockert mit einer Hacke den Boden. Zheng hat sein ganzes Leben lang hart gearbeitet. Seine Familie kann er kaum ernähren, er hat weder eine Rente noch eine Krankenversicherung. »Der Regierung sind wir egal. Sie sagt zwar, sie entwickle die armen Gebiete, doch von dieser Hilfe sehen wir nichts. Kein Beamter kommt je hierher, um zu sehen, wie wir heute noch leben«, klagt der Bauer.

Neben Zheng auf dem Feld kauert Che Xueqin und jätet Unkraut. »Wir sitzen hier fest, ohne Geld, ohne Ausbildung, ohne Perspektiven«, sagt die dreifache Mutter. Die Familie lebt in einem baufälligen Häuschen, als Herd dient eine Feuerstelle im Freien. Um das Schulgeld für die Kinder zu verdienen, arbeitet der Vater als Tagelöhner in der Stadt. Der Traum der jüngsten Tochter, an einer Universität zu studieren, rückt für sie immer mehr in die Ferne: »Meine Geschwister sind auf der Hochschule. Für mich wird das Geld nicht reichen. Ich werde einen Job suchen, um meine Familie zu unterstützen. In den Städten boomt die Wirtschaft, auf dem Land können wir kaum unseren Lebensunterhalt verdienen. Es gibt zwei Welten in China.«

Eine komplett andere Realität als im Dorf Zhangjiang findet sich fünf Autostunden entfernt auf dem Golfplatz Mission Hills in der südchinesischen Boomstadt Shenzhen. Wer hier Golf spielt, hat Geld. Der Jahresbeitrag beträgt bis zu 340 000 Dollar. Mitglied im Club ist auch Gu Yu, Besitzer einer Elektronikfabrik. Er schwingt seinen Golfschläger und sagt: »Früher war unsere Welt eingeschränkt, doch seit sich China wirtschaftlich geöffnet hat, haben wir Perspektiven. Heute ist alles möglich. Man sagt zwar, Geld ist nicht alles, aber ohne Geld bist du in China nichts.«

Die chinesische Formel im Kampf gegen die Armut heißt Urbanisierung und Wirtschaftswachstum. China ist zur Werkstatt der Welt geworden mit Hunderttausenden Fabriken. Die Menschen haben höhere Einkommen und Millionen von Bauern finden Arbeit in den Städten. Erstmals in der Geschichte Chinas leben mehr Menschen in den Städten als auf dem Land. Diese Massenverschiebung ist eine der größten Antriebe für die Veränderung und die Modernisierung des Landes. Und das ohne große Auswüchse von Kriminalität und Ghettobildung, wie man sie als Begleiterscheinung in anderen sich schnell urbanisierenden Ländern findet. Die erfolgreiche Armutsbekämpfung hat der Regierung viel Beifall eingebracht.

In einen Pekinger Vorort zieht Familie Wang. Es ist die Familie meiner Produzentin Daisy. Daisy ist eine der leidenschaftlichsten News-Frauen, mit der ich in China zusammengearbeitet habe. Eigentlich wollte sie nie zu den Medien, sie hielt wenig von der Propaganda, die ihr aufgetischt wurde, doch ihr britischer Ehemann überzeugte sie, sich bei den ausländischen Medien zu bewerben. So fand Daisy ihre Berufung.

Daisys Schwester kommt mit Ehemann, Mutter und Kind aus der Provinz Henan in die Hauptstadt. Die Großmutter wird auf das Kind aufpassen, wenn die Eltern arbeiten. Das Paar hat bereits eine Anstellung gefunden, doch die Löhne stehen in keinem Verhältnis zu den Preisen. Ihre kleine Dreizimmerwohnung in einem Vorort kostet 600 Dollar im Monat. Die Hälfte ihres gemeinsamen Einkommens.

Vater Wang seufzt: »Miete, Essen, medizinische Versorgung, alles wird immer teurer, doch unsere Löhne werden dieser Entwicklung nicht angepasst. Die Welt denkt, China modernisiert sich schnell und die Menschen werden reicher, doch für die Arbeiterklasse in den Städten ist es ein täglicher Kampf.« Das Problem ist der Status, den die Zugewanderten haben. Als Zugewanderte hat Tochter Tian Tian kein Recht auf einen Platz in einer öffentlichen Schule und somit keine Aussicht auf eine kostenfreie Grundausbildung. Die Kosten für private Kindergärten und Schulen belaufen sich auf bis zu 13 000 Dollar pro Jahr. Fast ein Jahreslohn der jungen Eltern. Wie sie das Schulgeld bezahlen wollen, wissen sie nicht. Ihnen bleibt nur die Hoffnung, eines Tages mehr Geld zu verdienen. Das ist die Hoffnung aller, die in die Städte abwandern. Die urbane Bevölkerung ist auf über 700 Millionen Menschen gewachsen. Rund 300 Millionen geht es so wie den jungen Eltern: Sie sind Städter zweiter Klasse.

Nur wer den sogenannten »Hukou« besitzt, hat in der Stadt Rechte. Ohne dieses Papier sind die Wanderarbeiter, die in die Stadt strömen, von den Sozialleistungen, Kranken- und Arbeitslosenversicherungen ausgeschlossen, und ihre Kinder haben keinen Zugang zu den öffentlichen Schulen. Viele warten jahrelang auf eine Einwohner-Registrierung, die unter Mao Zedong ein Mittel der Überwachung war. Später verhinderte das Einwohnermeldesystem eine Massenabwanderung in die Städte. Heute bremst das Hukou-System die Urbanisierung und verlangsamt somit den

Übergang zu einer Konsumgesellschaft, auf die China setzt bei der Umstrukturierung der Wirtschaft. Um die Urbanisierung voranzutreiben, müssen die Millionen von Wanderarbeitern in die Städte integriert werden. Denn wer in der Stadt keinen Hukou hat, der muss sich selber absichern und kann kaum Geld ausgeben. Auch Familie Wang muss beim Einkaufen budgetieren. Die Lebensmittelpreise sind stark angestiegen, auch wegen der Inflation.

Ich will von Familie Wang wissen, was sie von der neuen Führung erwartet. Die Großmutter wünscht sich ein Sozialversicherungssystem und gleiche Ausbildungschancen für ihre Enkel. Der junge Vater mag auf meine Frage hin nur lachen. »Nichts, ich erwarte absolut nichts von der neuen Regierung. Ich weiß, dass ich es selber schaffen muss.«

Die Forderung der Bevölkerung

Die Zhangs, gebürtige Pekinger, repräsentieren die neue obere Mittelschicht. Sie ist Buchhalterin, er Marketingexperte. Vor sechs Jahren kauften sie eine Wohnung und ein Auto. Sie sind grundsätzlich zufrieden, doch auch sie bemängeln, dass die Preise schneller steigen als die Löhne. Heute wäre es ihnen unmöglich, eine Wohnung zu kaufen. In Peking kostet eine 70-Quadratmeter-Wohnung etwa das 20-Fache eines durchschnittlichen jährlichen Haushaltseinkommens. Um den überhitzten Immobilienmarkt abzukühlen, griff die Regierung ein. Banken müssen ihre Kreditvergabe einschränken und Käufer müssen höhere Anzahlungen leisten. Für den chinesischen Normalverdiener ist das praktisch unbezahlbar. Bei den Zhangs hat die ganze Familie für die Eigenkapitaleinlage zusammengelegt. Es ist heute für junge Menschen viel härter geworden, sich zu etablieren. Doch solange die gebildete Mittelschicht vom Wohlstand profitiert, fordert kaum jemand einen demokratischen Wandel im Land. So hat sich über die Jahre ein Deal entwickelt: Die Partei ermöglicht der Mittelschicht

Wohlstand und Fortschritt, dafür verzichtet diese auf politische Forderungen.

Die Aussicht auf ein besseres Leben ist das wichtigste Versprechen im ungeschriebenen Gesellschaftsvertrag zwischen der Bevölkerung und der Kommunistischen Partei. Es ist nicht die Ideologie, sondern der wirtschaftliche Erfolg, mit dem die chinesische Führung ihre Einparteienherrschaft sichert.

Doch ob das auch langfristig ausreicht? Neben materiellem Wohlstand will die Mittelschicht zunehmend auch Lebensqualität. Für ihre Forderungen nach sauberer Luft und sauberem Wasser gehen die Menschen heute auch auf die Straße. Unbeeindruckt davon, dass Demonstrationen in China per Gesetz verboten sind. So haben zum Beispiel Zehntausende Demonstranten in der ostchinesischen Stadt Qidong das Regierungsgebäude gestürmt, um die Einleitung von Tonnen von Abwässern in den Fischerhafen ihrer Stadt zu verhindern. In der Hafenstadt Ningbo haben Zehntausende Demonstranten den Bau einer Erdölraffinerie gestoppt, weil sie Gesundheitsrisiken fürchteten. Mit Erfolg: Die Kommunistische Partei gab nach, als sie realisierte, dass die Proteste nicht einfach zu unterdrücken waren.

Herausforderung Internet

Die Mittelklasse will nicht unbedingt eine neue Regierung, wohl aber eine bessere. Sie will Gerechtigkeit, das heißt eine Regierung, die Machtmissbrauch und Korruption bekämpft. Diesen Forderungen kann sie dank dem Internet immer deutlicher Ausdruck verleihen, das in China über 500 Millionen Menschen nutzen. Seit der Einführung von Weibo, der chinesischen Version des Kurznachrichtendienstes Twitter, hat sich so etwas wie eine freie Meinungsbildung entwickelt. Auf Blogs und Weibo finden Debatten statt, die Menschen diskutieren über Themen, die früher Tabu waren, und äußern dort kritisch ihre Meinung. Es wird über lokale

Proteste berichtet, und korrupte Beamte werden an den elektronischen Pranger gestellt. Schon mancher ist so zu Fall gekommen.

Für die chinesische Regierung ist die Informationskontrolle ein Spagat. Jedes Regime, das versucht, wirtschaftliche Freiheit und rigide Einparteienherrschaft zu kombinieren, sieht sich der Herausforderung gegenüber: Wie lasse ich die Informationen ins Land, die der Marktwirtschaft förderlich sind, und blockiere gleichzeitig alles, was der Parteilinie widerspricht und ihre Autorität untergräbt? Die Antwort lautet: Zensur und Überwachung. In China sind soziale Netzwerke wie Facebook oder Twitter gesperrt. China hat über 300 000 Internetpolizisten, die 500 Millionen User kontrollieren.

Rund um die Uhr werden Diskussionsforen und Blogs überwacht und unliebsame Inhalte entfernt. Zusätzlich dient das sogenannte »Golden Shield« oder die »Great Firewall«, ein Projekt des Ministeriums für Staatssicherheit, der Zensur des Internets. Die Regierung hat Milliarden in elektronische Sperren investiert, die nach sensitiven Begriffen fahnden. Allerdings können technisch versierte Menschen, sogenannte »Wallclimbers«, diese Sperren durchbrechen. Und Informationen wandern schnell. Wenn sich eine Nachricht über Weibo innert Sekunden verbreitet, kommen die Zensoren oft nicht mehr nach mit dem Sperren von Begriffen. Es ist wie ein Katz-und-Maus-Spiel: Die Regierung zensuriert, die Netizens erfinden neue Begriffe, um die Blockaden zu umgehen.

Eine wichtige Rolle bei der Kontrolle und Kanalisierung von Informationen spielen auch die Staatsmedien. Sie erhalten täglich von den Propaganda-Ämtern Anweisungen. Darin steht, worüber wie berichtet werden muss und welche Themen nicht erwähnt und recherchiert werden dürfen. Weil die Partei den Informationsfluss über das Internet jedoch nicht vollends stoppen kann, nützt sie das Medium für eigene Zwecke. Die Behörden füllen Internetseiten mit propagandistischen Inhalten und programmieren Suchmaschinen auf diese Inhalte. Für die Internetforen werden Leute beschäftigt, die kritische Einträge auf Parteilinie bringen. Sie werden »50-Cent-Armee« genannt, weil sie pro Eintrag 50 Cent erhalten.

Gerade weil die Parteiführung sich der Kritik nicht mehr entziehen kann, reagiert sie paranoid auf öffentliche Debatten und Informationen. In meiner Zeit in China wurden kritische Blogger und Journalisten verhaftet und namhafte Bürgerrechtler zu Gefängnisstrafen verurteilt. So auch der Friedensnobelpreisträger Liu Xiaobo, der in seiner Charta 08 mehr Demokratie forderte, und Hu Jia, der sich für Aidskranke einsetzte und den Sacharow-Preis für Meinungsfreiheit erhielt.

Die Angst vor dem eigenen Volk

Die Partei sieht sich einem Paradox gegenüber: Je mehr sich die Gesellschaft entwickelt, informiert und beteiligt, desto unsicherer wird sie. Die Furcht, dass die soziale Stabilität verloren geht, wird immer größer. Das Resultat ist ein riesiger Sicherheitsapparat. Chinas Ausgaben für die interne Sicherheit übersteigen das Militärbudget. Die Partei scheint mehr Angst vor dem eigenen Volk zu haben als vor fremden Armeen.

Um Stärke zu demonstrieren, tritt die Kommunistische Partei gegen außen hin geschlossen auf. Interne Machtkämpfe sollen dem Volk verborgen bleiben. Doch kurz vor dem Führungswechsel 2012 wird China vom größten Politskandal erschüttert. Der Spitzenpolitiker Bo Xilai, der gute Chancen hatte, in den neuen ständigen Ausschuss des mächtigen Politbüros berufen zu werden, wurde seines Amtes enthoben und aus der Partei ausgeschlossen. Es ging um Geld, Mord und Macht – ein Politthriller von shakespeareschem Ausmaß.

Bo Xilai, der als Parteichef die Dreißig-Millionen-Metropole Chongqing geleitet hatte, förderte eine an die Mao-Zeit angelehnte Kultur und wetterte gegen die Ungleichheit in Chinas modernem Sozialismus. Die Medien seiner Stadt mussten revolutionäre Inhalte bringen, und Revolutionslieder gehörten wieder zum Pflichtprogramm an Schulen. Als Parteichef propagierte er die Rückkehr zu Werten der Revolution, während sein Sohn an Eliteschulen im Ausland studierte und Ferrari fuhr.

Bo Xilai führte auch einen unerbittlichen Kampf gegen das organisierte Verbrechen. Er ließ Hunderte verhaften und Dutzende hinrichten – laut Aussagen von betroffenen Anwälten und Kritikern oft ohne fairen Prozess. Bo Xilai führte die Kampagne gegen Kriminalität, während seine Frau einen britischen Geschäftsmann vergiftete, welcher der Familie geholfen hatte, Millionen von Dollars illegal ins Ausland zu schaffen.

Bei Bos Sturz spielte jedoch weniger das Gesetz eine Rolle als innerpolitische Machtkämpfe. Als Parteichef von Chongqing war Bo Xilai zur Gallionsfigur der konservativen Linken aufgestiegen und der Partei zu mächtig geworden. Bo Xilai wurde zu einer Gefängnisstrafe, seine Frau zum Tode verurteilt – auf Bewährung. Diese Affäre zeigte den Menschen, wer die Machthaber in ihrem Land sind. Korrupte Funktionäre, die sich bereichern und glauben, über dem Gesetz zu stehen. Der Sturz des Spitzenpolitikers hat dem Ansehen der Partei geschadet.

China ist gespalten. Auf der einen Seite steht eine wachsende Mittelschicht, die besser informiert ist. Eine Zivilgesellschaft, die sich immer lauter gegen Machtmissbrauch, Umweltverschmutzung und Korruption wehrt. Auf der anderen Seite steht die herrschende politische Elite, die sich selbst erneuert. Im obersten Führungszirkel gibt es viele »rote Prinzlinge«, die Kinder, Großkinder, Nichten und Neffen der Revolutionäre aus der Mao-Zeit, die nun Führungspositionen in Staat, Partei, Militär und Staatskonzernen einnehmen. So hat sich die Elite nicht nur die politische Macht, sondern zunehmend auch den wirtschaftlichen Reichtum des Landes angeeignet.

In meiner Berichterstattung zur Machtübergabe möchte ich daher auch einen Blick über die Mauern der Parteizentrale werfen. Denn hier im Herzen von Peking wird die Neubesetzung des Politbüros bestimmt. Es gibt Diskussionen über Wirtschafts- und Politreformen. Es gibt Verhandlungen und Machtkämpfe unter den

einflussreichsten Familien des Landes, darüber, wer an die Fleisch-
töpfe kommt. Hinter fest verschlossenen Türen wird ausgemacht,
wer die zweitgrößte Volkswirtschaft der Welt politisch, sozial und
wirtschaftlich stabil halten soll und das Milliardenvolk führen wird.
Das Volk selber hat nichts dazu zu sagen.

»Die Politik der KP ist eine Blackbox. Vor 90 Jahren hatten sie
geheime Treffen und das haben sie heute noch. Die Menschen dürfen nichts darüber erfahren, denn es gibt viele dunkle Geheimnisse.
Heute braucht die Partei Gewalt, um an der Macht zu bleiben«, so
der Politologe Zhang Ming. Es geht um viel Macht: Die Partei ist
die letzte Instanz in allen Fragen in China. Auch Armee und Rich-
ter sind der Partei verpflichtet, nicht dem Staat. Und es geht um
viel Geld: Die Kinder der Kader studieren oft an Eliteuniversitäten
im Ausland und übernehmen große Konzerne. Laut der »New York
Times« soll die Familie von Premier Wen Jiabao in Form von Beteiligungen 2,5 Milliarden Franken gehortet haben. Berichte dazu
werden im Internet blockiert. Als in Peking ein Ferrari verunglückt,
wird das Wort Ferrari gesperrt. Am Steuer soll der Sohn eines engen
Vertrauten Hu Jintaos gesessen haben – mit zwei nackten Frauen.
Die Familie des angehenden Staatschefs Xi Jingping verfüge über
ein dreistelliges Millionenvermögen, berichtet die Nachrichtenagentur Bloomberg. Auch Bloomberg wurde in China gesperrt.

Informationen über das Leben der Führungsspitze und die finanzielle Situation der Funktionäre wird in China als Staatsgeheimnis behandelt. Chinas Elite krallt sich mit aller Kraft an ihrer
Macht und ihren Privilegien fest. Kein Wunder, dass sie Reformen
kritisch gegenübersteht.

Herausforderung Wirtschaftsreformen

Damit der Deal »Wachstum gegen Gehorsam« nicht an seine Grenzen stößt, muss die neue Regierung Wirtschaftsreformen einleiten.
Das Wachstum hat sich verlangsamt. Mit 7,8 Prozent war es 2012

das schwächste Wachstum seit 13 Jahren. Das Land muss seine Wirtschaft komplett ummodeln, um auf Dauer Wachstum zu generieren. China will Binnenkonsum und Innovation stärken, um vom Export und den staatlichen Investitionen wegzukommen.

Fast die Hälfte der Wirtschaftsleistung geht auf Investitionen zurück. China dopte seine Wirtschaft nach der globalen Finanzkrise mit billigen Krediten und mit staatlich verordneten Bauprojekten. Das führte zu einer riesigen Verschuldung der Lokalregierungen, die über ausgelagerte Finanzvehikel Geld aufnahmen bei Staatsbanken.

Ein weiterer wunder Punkt ist die Exportabhängigkeit. Noch immer ist das Wachstum zu einem großen Teil den Exporten zu verdanken. Der Binnenkonsum, der rund 35 Prozent der Wirtschaftsleistung beträgt, soll wachsen. Doch damit die Menschen mehr Geld ausgeben, müssen sie zuerst mehr Geld in der Tasche haben, das heißt, die Regierung muss die wirtschaftliche Situation der Landbevölkerung und die Sozialleistungen verbessern.

Viele meiner Pekinger Bekannten sind gebildete, junge Menschen mit gutem Job. Sie könnten mehr Geld ausgeben, aber sie sparen, denn sie wissen: Wenn sie ihren Job verlieren oder ihre Eltern krank werden, gibt es kein Sozialsystem, das sie auffängt. Das erklärt, warum die nationale Sparquote bei durchschnittlich 50 Prozent liegt. Das ändert sich erst, wenn sich die Einkommensstruktur verändert.

Weitere Herausforderungen sind die Überkapazitäten in verschiedenen Branchen, das Schattenbankensystem, die allgegenwärtige Korruption und die Verflechtung zwischen Staat und Wirtschaft. Über die mächtigen Staatsbetriebe haben die KP-Clans Zugang zu Geld und Ressourcen.

Die Staatsbetriebe dominieren als Immobilien- und Energieriesen, Industriegiganten und Großbanken in vielen zentralen Sektoren die chinesische Wirtschaft. Sie erwirtschaften über 50 Prozent des BIP und beschäftigen gut hundert Millionen Menschen. Die Staatskonglomerate passen sich nur schwerfällig neuen Marktbedingungen an, und doch sind private Unternehmen gegen sie fast chancenlos. Hightech-Nation kann China nur werden, wenn es die innovativen Privatfirmen stützt.

Laut Xiang Songzuo, dem Chefökonom der Agriculture Bank of China, braucht es eine komplette Umstrukturierung. »Wir müssen die Monopolstellung der staatlichen Unternehmen einschränken, denn das ist ein großes Hindernis für privates Kapital, um in einen fairen Wettbewerb zu treten. Wir müssen den Einfluss der Regierung, die Vernetzung zwischen Behörden und Business eindämmen und hart durchgreifen gegen Korruption, um ein faires wirtschaftliches Umfeld zu schaffen.«

Um ein faires Umfeld für KMUs (kleinere und mittlere Unternehmungen) zu schaffen, müsste auch das Kreditsystem flexibilisiert werden. Banken haben beim Zinssatz für Kredite nur wenig Spielraum, darum leihen sie ihr Geld lieber den Staatskonzernen. Für private Betriebe, die mehr unternehmerisches Risiko eingehen, ist der Zugang zu Bankkrediten schwierig, sie müssen für Kredite oft auf den Schattenbankensektor zurückgreifen mit Wucherzinsen von bis zu 70 Prozent. Mit der Wirtschaftsabkühlung kam es so zu spektakulären Kreditausfällen. Die Regierung hat die Mindestreservevorschriften für Geschäftsbanken gesenkt, damit Kapital auf den Markt strömt. Doch die Regierung schreckt nach wie vor davor zurück, die Staatskonzerne zu schwächen – und damit den eigenen wirtschaftspolitischen Einfluss. Auf die neue Führung warten zahlreiche Herausforderungen, um das chinesische Wachstumsmodell wieder ins Gleichgewicht zu bringen.

Die fünfte Führungsgeneration

Am Tag der Eröffnung des 18. Parteitags gleicht Peking einer Festung. Neben Polizei, Militär und Sondereinheiten wurden 1,4 Millionen Freiwillige mobilisiert, die für Sicherheit sorgen. Viele Straßen sind gesperrt, Polizei- und Militärfahrzeuge stehen an jeder Kreuzung.

Die Sicherheitsparanoia nimmt absurde Ausmaße an. Die Taxichauffeure müssen die Fensterkurbeln abmontieren, damit Fahrgäste keine Flugblätter mit subversiven Parolen aus dem Fenster werfen können. Die Pekinger dürfen keine Drachen mehr steigen lassen, die Züchter müssen ihre Tauben im Käfig lassen und die Spielzeuggeschäfte müssen die Modellflugzeuge aus den Regalen räumen. Auch Küchenmesser können in der Stadt nicht mehr gekauft werden. Den Studenten wurde verboten, mit ausländischen Medien zu sprechen, und rund 130 Bürgerrechtler wurden laut Menschenrechtsorganisationen festgenommen, unter Hausarrest gestellt oder aus Peking weggebracht.

Viele Petitionäre aus der Provinz versuchen während des Parteikongresses, ihre Klagen nach Peking zu tragen, sie erhoffen sich von den Politikern mehr Aufmerksamkeit als sonst. Gelingt es einem Petitionär, ins Herz der Stadt vorzudringen, droht ihm die Haft in einem der »schwarzen Gefängnisse«. Das sind nicht registrierte, improvisierte Einrichtungen, in denen die Sicherheitskräfte aus den Provinzen ihre Bürger festhalten. Die Führungselite wird vor dem eigenen Volk geschützt.

Es ist der erste Machtwechsel in China seit Beginn des Zeitalters der sozialen Medien und die Regierung ist nach den Politskandalen, die auf Weibo verbreitet, diskutiert und kommentiert wurden, aufgescheucht. Das ohnehin stark zensierte Internet wird durch zusätzliche Blockaden weiter gebremst. In unserem Büro ist es fast unmöglich, eine Internetseite zu öffnen. Ich habe am Eröffnungstag extra ein Zimmer in einem internationalen Hotel gemietet, weil dort der Internetspeed besser ist als in unserer Siedlung, in der viele ausländische Medien ihre Büros haben.

Unser Büro war schon vor dem Parteitag Zielscheibe der Internetpolizisten geworden, wie unser Computerfachmann bestätigt hatte. Er installierte uns einen Tunneldienst, mit dem sich die Blockaden der chinesischen Regierung umgehen lassen. Doch viele der Tunneldienste wurden vor und während des Parteikongresses von der staatlichen Internetpolizei lahmgelegt.

Mit meiner Journalisten-Akkreditierung habe ich Zugang zur Eröffnung des 18. Parteitags. Wir passieren alle Sicherheitsschranken und erreichen frühzeitig die großen Hallen des Volkes an der Westseite des Tian'anmen-Platzes. Der Kongress findet in einer imposanten, im sowjetischen Stil gebauten Halle statt. Für die Medien ist der zweite Stock reserviert. Kamera an Kamera stehen wir da, über uns leuchtet der rote Stern an der Decke, vor uns prangen Hammer und Sichel, unter uns sitzen über 2000 Delegierte.

Mit seinem Rechenschaftsbericht eröffnet der scheidende chinesische Staats- und Parteichef Hu Jintao den 18. Parteikongress der Kommunistischen Partei Chinas. Hu Jintao, der in seiner zehnjährigen Amtszeit keine Reformen durchführte, spricht von Veränderungen, denen sich auch die Partei nicht entziehen könne. »Wir stehen vor beispiellosen Entwicklungschancen genauso wie vor bislang unbekannten Risiken und Herausforderungen. Die Partei muss bedenken, welch großes Vertrauen uns die Menschen schenken.« Hu Jintao übergibt der neuen Führung ein Land voller Gegensätze und Ungerechtigkeiten. Aber auch ein Land mit riesigem Potenzial, wenn die neue Führung gewillt ist, die Herausforderungen anzupacken.

Während der einwöchigen Sitzung bestimmen die Delegierten ein neues Zentralkomitee, welches dann das neue Politbüro billigt. Zehn Kandidaten bewerben sich um die sieben Plätze im mächtigen Ständigen Ausschuss des Politbüros.

Nach einer Woche ist der Machtwechsel vollzogen. Sieben Männer schreiten im Gänsemarsch über die Bühne. Angeführt werden sie von Xi Jingping, dem neuen Parteichef der Kommunistischen Partei Chinas. Alle sieben tragen dunkle Anzüge, nur einer fällt mit einer blauen Krawatte aus dem Rahmen. Die anderen sechs haben eine rote gewählt. Die Haare sind bei allen glänzend und tiefschwarz, so schwarz, dass der Verdacht, dass chinesische Politiker sich die Haare färben, einmal mehr bestätigt wird.

Das ganze Ritual ist wie zehn Jahre zuvor. Neu ist, dass es statt wie bis anhin neun, nur sieben Politiker im mächtigen Ständigen Ausschuss des Politbüros gibt. Anders ist auch, dass der neue Parteichef, Xi Jingping, sich als Erstes bei der versammelten Presse für die Verspätung entschuldigt und dabei freundlich lächelt. Xi spricht zunächst frei, er schaut die Journalisten an, er wirkt lockerer als sein Vorgänger.

Über den neuen Parteichef Xi Jingping weiß man nicht viel. In China kannten ihn viele nur als Mann der berühmten Sängerin Peng Liyuan, der Generalmajorin, die im Staatsfernsehen patriotische Lieder trällert. Xi Jingping ist ein roter Prinz. Sein Vater war Revolutionsführer und Weggefährte von Mao Zedong. Er kam während der Kulturrevolution als Konterrevolutionär ins Gefängnis und Xi Jinping wurde zur Umerziehung aufs Land geschickt. Später trat er der Kommunistischen Partei bei. Nach seinem Chemiestudium und der Rehabilitierung seines Vaters Anfang der 1980er-Jahre, arbeitete er sich innerhalb der Partei geduldig nach oben. 2007 wurde Xi Jingping Parteichef von Schanghai, ein Jahr später Vizepräsident. Wie sein Vater ist auch er fest verankert in den Traditionen der Kommunistischen Partei.

»Prinzlinge wie Xi Jingping haben einen Konsens: Die KP ist die einzige Partei. Sogenannte Freiheiten gibt es nur unter der Einparteiendiktatur. Xi Jingping, seine Familie und seine Verwandten sind Teil der mächtigen Interessensgruppen, welche die wirtschaftlichen Lebensadern kontrollieren. Auch wenn er Reformen durchführen will, wird er stark limitiert sein«, so der Historiker Zhang Lifan.

Angesichts der vielen Herausforderungen, die sich im Land selber stellen, ist es anzunehmen, dass sich die neue Führung unter Xi Jingping auf die Innenpolitik konzentrieren wird. Doch was China innenpolitisch beschließt, zeigt vermehrt auch außenpolitisch eine Wirkung. Die Richtung, welche die neue Führung einschlägt, wird Chinas Rolle in der Welt bestimmen und das Verhältnis des Westens mit China definieren.

In seiner Rede preist der neue Parteichef Xi Jingping das Volk für seine Geduld beim Aufbau des Landes und verspricht, dass er alles daran setzen werde, dem Volk ein besseres Leben zu ermöglichen. Die Fähigkeit eines jeden Menschen sei jedoch beschränkt, die der Partei im Ganzen aber nicht. Xi Jingping lässt keine Zweifel daran aufkommen, dass er an der Politik seines Vorgängers festhalten wird.

Von neuen Helden, rennenden Reichen und nackten Beamten

»Viele wollen Beamte werden, weil es viel Geld bedeutet. Auch wenn das Geld nicht von einer Straftat kommt, es ist dennoch illegal, unfair. Es ist eine systematische Korruption, die alle Industrien betrifft. Ein Dorfchef, der millionenschwer ist, ein Parteisekretär, der über hundert Häuser besitzt: Die soziale Ungerechtigkeit schafft Probleme. Die Beamten haben Angst aufzufliegen, darum schicken sie zumindest ihre Familien mit dem Geld ins Ausland. Wir nennen sie die ›nackten Beamten‹.«

Professor Yan Lixin, Leiter des Anti-Geldwäsche-Zentrums,
Fudan Universität, Schanghai

»Vor dreißig Jahren gingen wir alle zu Fuß oder wir benutzten ein Fahrrad. Heute bewegen wir uns in Privatjets. Das nenne ich Wandel.«

Chinesischer Unternehmer

Sie sind Chinas neue Helden. Die schwerreichen Unternehmer, die seit der Öffnung vor über 35 Jahren endlich wieder das tun dürfen, was sie am besten können: Geld verdienen. Sie sind Vorbilder für eine ganze Nation, ihre Biografien Bestseller. »Man kann von diesen erfolgreichen Leuten lernen. Ich bewundere diese Unternehmer und will wissen, was sie zu sagen haben«, sagt eine Pekinger Buchhändlerin voller Bewunderung, als sie mich durch die Abteilung der Erfolgsbibeln führt. In China ist es ehrenhaft, Geld zu machen und das auch zu zeigen.

Eine dieser Vorbildfiguren ist Zhang Yue, einer der schillerndsten Unternehmer Chinas. Auf seinem Firmengelände im südchinesischen Changsha in der Provinz Henan steht das Schloss von Versailles. Über dem nachgebauten Barockgebäude flattert die chinesische Flagge, in einiger Entfernung ragt eine ägyptische Pyramide in den Himmel. Auf dem Rasen stehen in Bronze gegossene Statuen von Konfuzius, Abraham Lincoln, Sokrates, Winston Churchill und Robespierre.

Zhang Yue ist kein Mann von bescheidener Natur. Er hat ein übergroßes Ego und ein bestechendes Charisma. Zhangs Durchhaltewillen und Hartnäckigkeit sind legendär. Bekannt wurde Zhang Yue als der erste Chinese mit einer Helikopterlizenz und einem eigenen Privatjet. Reich wurde er mit »grünen« Klimaanlagen. Mit seinem Bruder, einem Ingenieur, kam er auf die Idee, Klima-Aggregate für die Industrie zu produzieren, die mit Gas, Biomasse oder Sonnenenergie betrieben werden können und daher besonders energiesparend sind. Die Flughäfen in Madrid und Bangkok, Firmenhauptsitze und Krankenhäuser in Europa und ein Armeestützpunkt in den USA werden mit der Technologie aus Südchina gekühlt. Zhangs Klimaanlagen erobern die Welt, und seine Idee, auf das grüne Bewusstsein zu setzen, machte ihn zum Multimillionär. Sein Vermögen wurde 2013 auf rund 1000 Millionen Dollar geschätzt.

Der Multimillionär hat seine hundert besten Freunde eingeladen, um sich ein Wochenende lang zu vergnügen. Gekommen sind auch Vertreter von internationalen Firmen, die im Schloss ihre Verkaufsstände aufbauen. Der italienische Edelschneider Zegna ist da, der französische Belle-Epoque-Champagner Perrier Jouet und verschiedene Luxusuhrenmarken sind vertreten.

Wer verkaufen will, muss in China sein. Die Zahl der Reichen ist explosionsartig gestiegen. 2006 gab es 15 Dollarmillionäre im Land. 2013 waren es bereits rund 3 Millionen Dollarmillionäre und über 250 Dollarmilliardäre.

Der 165 Zentimeter kleine Zhang liebt die großen Auftritte. An diesem Nachmittag fliegt er zwar nicht mit seinem eigenen

Helikopter ein, bringt aber einen ferngesteuerten mit, den er über den Köpfen der erstaunten Gäste kreisen lässt. Ein Spielzeug, das ihm offensichtlich Freude bereitet, vor allem wenn er das Fluggefährt haarscharf über den Köpfen seiner Gäste kreisen lässt, die sich respektvoll ducken. Dann zerschellt das Objekt an der gläsernen Wand der Pyramide, dem Hauptsitz von Zhangs Firma Broad Air.

Mir wird in dem Moment klar, dass uns ein höchst unterhaltsames Wochenende bevorsteht. Zu Zhang Yue vorzudringen, ist allerdings schwierig. Er beantwortet Fragen nicht sonderlich gerne, nicht weil er um eine Antwort verlegen wäre, sondern weil es ihn langweilt, über seinen Werdegang zu sprechen. Viel lieber spricht er über seine Visionen. Zhang ist ein Visionär, ein kompromissloser Unternehmer und einer, der nie stillsteht. Im Eilschritt läuft er über sein Firmengelände, gefolgt von einer Schar von Mitarbeitern, die ihn »My Chairman« nennen. Er gibt Anweisungen und Befehle, lobt und kritisiert. Seine Mitarbeiter halten sich stets knapp einen Schritt hinter ihm. Wie ein König und seine Untertanen.

Auch wir versuchen zu folgen. Ich überrage Zhang Yue auch in meinen flachen Schuhen locker um einen Kopf. Zhang ist ein einziges Energiebündel, bewegt sich dauernd und redet doppelt so schnell wie ich. Alle, die mich persönlich kennen, wird das erstaunen, ja beunruhigen. Unser Interview mit dem Unternehmer wird von einer freundlichen Pressedame auf später verschoben, dafür führt sie uns durch das Hauptgebäude der Broad Air. In einem Kontrollzentrum werden die Klimaanlagen überwacht, die in 70 Ländern im Einsatz sind. Fällt eines der Kühlsysteme aus, blinkt es auf den Monitoren, und die hausinternen Techniker in China setzen sich mit den Technikern in dem Land, in dem die Kühlanlage steht, in Verbindung, erklärt die junge Frau.

Seine Mitarbeiter verehren Zhang Yue, der das Unternehmen mit straffer Hand führt, wie einen Halbgott. Sie müssen auf dem Firmengelände leben und seine Ideologie studieren. Das Firmenbuch mit dem Titel »Unsterbliche Weisheiten« kriegt jeder Angestellte beim Eintritt geschenkt, die Lektüre ist obligatorisch. Jeden Morgen versammeln sich die Angestellten zum Massenappell und zur Firmenhymne. »Ich liebe China. Es wird immer stärker und immer reicher«, so die Kernaussage.

China hat es seit 1978, als der Reformer Deng Xiaoping die wirtschaftliche Öffnung einleitete, tatsächlich zu einem bemerkenswerten Reichtum gebracht. Das liegt auch an den talentierten chinesischen Unternehmern. Laut Schätzungen tragen private Firmen inzwischen fast die Hälfte zur gesamten chinesischen Wirtschaftsleistung bei. Laut der Forbes Rich List brachten es die 400 Reichsten in China mit ihrem Gesamtvermögen in der ersten Jahreshälfte 2013 auf 14 Prozent des Bruttoinlandsprodukts.

Wie reiche Chinesen ihr Geld ausgeben, zeigt sich an diesem Nachmittag bei Zhang Yue. Wir fahren zu einem kleinen Flughafen in der Nähe des Firmengeländes, auf dem drei Privatjets stehen. Über das Rollfeld rast ein knallgelber Ferrari. Zhang Yues Sohn ist aus den USA zu Besuch, wo er an einer Eliteuniversität studiert.

Die Millionäre und Milliardäre schauen sich die neuesten Privatjets an. »Ich brauche einen Privatjet, es ist einfach zu mühsam, mit den öffentlichen Flugzeugen zu reisen. Ich verliere zu viel Zeit, wenn ich für meine Businessmeetings unterwegs bin«, sagt einer der Unternehmer, der es sich in einer Bombardier mit schickem Interieur in Beigetönen und Mahagoni bequem gemacht hat. Chinas Markt für Privatjets soll im nächsten Jahrzehnt um jährlich bis zu 25 Prozent wachsen und somit die USA als weltweit größten Markt für Privatflugzeuge ablösen.

Am Abend halten Stretchlimousinen vor dem Schloss, Damen in Abendroben und Männer in dunklen Anzügen steigen über den roten Teppich die Stufen zum nachgebildeten Schloss empor. Der Abend beginnt mit Champagner und Kerzenlicht. Wir mischen uns unter die illustren Gäste, eine neue Spezies in China. »Wir sind hier nur drei Stunden von Chairman Maos Geburtsort entfernt. Man muss sich das vorstellen, vor 30 Jahren gingen wir alle zu Fuß oder benutzten das Fahrrad, heute bewegen wir uns mit Privatjets. Das nenne ich Wandel«, sagt ein Unternehmer und nimmt einen Schluck aus seinem Champagnerglas.

Das Abendessen findet in dem prunkvoll-kitschigen Speisesaal statt, während des Essens stolzieren große chinesische Models mit den Uhren einer deutschen Luxusmarke an den Handgelenken an den Tischen vorbei. Der Chateau Lafite fließt in Strömen, die Stimmung ist entspannt. Am späteren Abend scheint auch Zhang Yue nicht mehr so hektisch, in der einen Hand hält er ein Cognacglas, in der anderen eine kubanische Zigarre. Er winkt uns herbei, jetzt habe er Zeit für ein Interview. Doch über Klimaanlagen will Zhang nicht reden. Und auch nicht darüber, wie er vom Kunststudenten zum Multimillionär wurde. »Geld habe ich genug, heute geht es um Lebensqualität und darum, dass die Menschen ein gutes Umfeld zum Leben haben und die Welt eine bessere wird.« Der Bonvivant will sich als grüner Unternehmer neu erfinden, er ist angetrieben vom Willen, ein Vermächtnis zu hinterlassen.

Zhang Yue entwickelte eine neue Baumethode für Wolkenkratzer. Die Basis der Gebäude bilden standardisierte Bodenplatten, die in seinen Fabriken am Fließband vorgefertigt werden. Sie enthalten bereits Bodenbeläge, Wasserleitungen und Stromkabel, auf der Baustelle müssen die Platten nur noch zusammengesetzt werden. Zhangs Firma »Broad Sustainable Buildings« hat in 15 Tagen ein 30 Stockwerke hohes Gebäude errichtet. Ein Zeitraffervideo von den Bauarbeiten erreichte im Internet in Kürze über fünf Millionen Hits. Seine Fertiggebäude sind für den Querdenker die Lösung für umweltfreundliches Bauen. Es sei billiger, sicherer und vermeide Tonnen von Bauabfall. Die Gebäude seien höchst energieeffizient.

Über 30 Hochhäuser ab Fließband hat Zhang in China verkauft, mit dem Ausland stehen Verhandlungen für Lizenzverträge an. Zhangs Ziel ist es, 20 Prozent des globalen Baumarktes abzudecken. Für seine innovative Idee verlieh ihm die UNO den Preis Champion of the Earth.

Doch der Visionär will höher hinaus. Sein neuestes Projekt, die Sky City, ist ein 383 Meter hohes Gebäude, das den Burj Khalifa in Dubai, das bisher höchste Gebäude der Welt, um 10 Meter überragen soll. Sky City soll Wohnungen, Schulen, Kindergärten, Kinos, Einkaufszentren und Sportplätze haben, eine vertikale Stadt für 30 000 Bewohner auf 220 Stockwerke und eine Million Quadratmeter verteilt. Zhang Yue sieht darin eine platzsparende und umweltfreundliche Alternative zur herkömmlichen Stadtplanung. Ob seine hochfliegende Vision Wirklichkeit wird, steht in den Sternen, noch zögern Behörden und Investoren. Doch genau das macht Zhangs Erfolg aus: Er verfolgt beharrlich eine Vision.

»Lebensqualität müssen wir in China noch lernen«

Es ist bei allen unternehmerischen chinesischen Chief Executives die gleiche Formel, die zum Erfolg führt: Mut und Vision, um eine gewagte Idee anzupacken, unerschöpflicher Elan, um eine Firma weiterzuentwickeln und ein übergroßes Ego, um einen Prozess anzuschieben, durchzusetzen und die Skeptiker zu überzeugen. In den erfolgreichen chinesischen Firmen sind Produkte und Service untrennbar mit der Leidenschaft der Gründer verbunden, sagt Christopher Marquis, ein Professor an der Harvard Business School, der die Charaktereigenschaften und die Erfolgsmodelle chinesischer Unternehmer studiert. »Zuerst steigen sie zu Topangestellten auf, verdienen dann Hunderte von Millionen mit den Verkäufen ihrer Produkte und haben Tausende von Angestellten. Alle erfolgreichen CEOs waren von Anfang an dabei, jeden Schritt des Weges haben sie selber mitgemacht. Es ist allein ihre Vision, die ihre Firmen so erfolgreich werden lässt«, so Marquis in einem Interview mit »Reuters«.

Diese Spezies unterscheidet sich grundsätzlich von den systemgetreuen CEOs, wie die Manager der großen Staatskonglomerate. Die CEOs von Staatsbanken, Ölgiganten und Telekommunikationsunternehmen sind darauf bedacht, nichts aufzurütteln, sie haben keine Motivation, etwas zu wagen. Als Parteimitglieder haben sie meist lange Jahre auf Ämtern und in Ministerien gedient und sind so eine vorgegebene Karriereleiter hochgeklettert. Ihre Interessen sind die Interessen der Partei, der sie auch ihre Karrieren verdanken. Doch auch bei den unabhängigen Unternehmern gilt: Erfolgreich sind die mit guten Verbindungen zur Partei.

In Peking treffe ich Liu Jia. Auch er gehört zu den kollektiven Vorbildern. Liu Jia empfängt mich in seinem Büro. Die Inneneinrichtung ist eine eklektische Mischung aus Antiquitäten und Imitationen. Am Eingang steht ein antiker chinesischer Paravent, an der Wand hinter dem riesigen Mahagonischreibtisch spannt sich eine alte Weltkarte, daneben Fotos des jungen Jia. Die Möbel sind der Louis-XVI-Epoche nachempfunden, die Tapeten sind beigebraun gestreift, in der Ecke steht die chinesische Nationalflagge.

Liu Jia studiert ein Immobilienmagazin, aufgeschlagen hat er die Seite des Kantons Waadt. Wo in der Westschweiz es am schönsten sei, er würde gerne ein Haus kaufen. Ich bin überfragt. Die Häuser, die er mir zeigt, gleichen Schlössern, die Preise sind schwindelerregend. Liu Jia lernt Französisch.

Der Unternehmer arbeitete schon als Verkäufer, Beamter und Fondsmanager. 1993 machte er sich selbstständig. Liu Jia hat ein klassisches Unternehmerprofil, er hat eine gute Ausbildung, gute Verbindungen zur Partei, das Gespür für Trends und profunde Kenntnisse des heimischen Markts. Liu Jia ist heute 150 Millionen Dollar schwer und besitzt die landesweit größte private Kette von Zahnarztpraxen. 120 »Jamei«-Kliniken gibt es in China, viele weitere sind geplant. Der private Gesundheitssektor ist am Wachsen, denn reichere Kunden wollen einen besseren Service. Liu Jia wird von der chinesischen Presse als erfolgreicher Unternehmer gefeiert, in den Warteräumen der Praxis, die ich besuche, liegen Wirtschaftsmagazine mit seinem Konterfei auf dem Titelbild.

»Für mich war immer klar, dass ich nicht in Immobilien investiere. Dieses Business ist kurzlebig und unsicher. Der Markt in China bietet enorm viele Möglichkeiten, aber das wird nicht für immer anhalten. Ich wollte in ein krisenresistentes Business investieren. Über lange Zeit erfolgreich sein kann nur, wer innovativ ist und eine neue Idee umsetzt«, sagt der Multimillionär.

Liu Jia lebt außerhalb von Peking. Seine Villa wurde von einem französischen Architekten entworfen, doch an Frankreich erinnert der Zehn-Zimmer-Bau trotzdem nicht. Liu liebt alles, was aus Europa kommt, das habe Stil und Tradition. Auch sein Sohn studiert in Europa, in England. Was die jungen chinesischen Unternehmer von jenen der ersten Stunde unterscheide, will ich wissen. Wir sitzen in dem riesigen Salon, im Kamin prasselt ein Feuer, die Angestellte hat im Rosenthal-Porzellan Tee serviert.

»Die erste Generation der Gründer hat hart gearbeitet, erst die neue Generation lernt, wie man das Vermögen auch ausgibt. Viele Unternehmer wissen nur, wie man arbeitet, aber nicht, wie man lebt. Lebensqualität müssen wir in China noch lernen«, sagt Liu. Er setzt sich ans Klavier und spielt Richard Clayderman, natürlich kommt die »Ballade für Adeline«. Neben dem Klavierspiel gehört Fechten zu den Hobbys des Unternehmers. Fechten sei wie Business, es trainiere die gleichen Eigenschaften. »Manchmal muss man angreifen, manchmal verteidigen«, sagt der Multimillionär und nimmt mich mit hinters Haus, wo er in voller Fechtmontur seinen Trainer herausfordert. Liu Jia gewinnt.

Erfolgreiche Unternehmer in China wissen, was es braucht, um zu siegen. Sie haben oft gute Verbindungen zur Zentralregierung und pflegen gute Kontakte zu lokalen Parteikadern. Unter den 400 Reichsten im Land sind 52 Delegierte des Nationalen Volkskongresses und 42 Mitglieder des Beraterparlaments. Die wachsende Zahl der politisch aktiven Unternehmer zeige, dass sich das Interesse des privaten Sektors mit den Interessen der Partei decke, alle Kräfte der Gesellschaft für die Entwicklung des Landes zu gewinnen, kommentiert Liu Jia diese Entwicklung.

Tatsächlich kann in China nur erfolgreich sein, wer mit den Interessen der Partei harmoniert oder zumindest keine Bedrohung für staatliche Unternehmen darstellt. Die Unternehmer, die mit ihren privaten Firmen den Staatskonzernen das Wasser abzugraben drohen, werden oft geschluckt oder zumindest eine Weile behindert. So zum Beispiel Wang Zhenghua, Entrepreneur in einem vom Staat beherrschten Sektor. Der Gründer von Chinas Billigfluganbieter Spring Airlines durfte besonders lukrative Routen wie Schanghai–Peking lange nicht bedienen. So wollte die Regierung vermeiden, dass Wang mit seiner Billigairline den staatlichen Fluggesellschaften ihre Monopolstellung streitig macht, erzählt der Unternehmer. Doch Wang hat durchgehalten und war erfolgreich mit seinem innovativen Managementstil. In einem freien Markt hätten viele der privaten Firmen noch bessere Chancen, doch der Staatskapitalismus ist in China wieder auf dem Vormarsch. Einige nennen diese Entwicklung Kapitalismus mit chinesischen Besonderheiten, andere nennen es den langen Marsch rückwärts. Begonnen hat der Schritt zurück in die kommunistische Vergangenheit mit der Gründung der SASAC im Jahr 2003. SASAC ist die offizielle Behörde zur Überwachung und Verwaltung von Staatsgütern. Sie entscheidet auch über das Topmanagement und die Investitionen der über 113 staatseigenen Unternehmen.

Chinas erfolgreiche Unternehmer wurden erst richtig bekannt durch einen Ausländer. Rupert Hoogewerf, ein Brite mit Wohnsitz in Schanghai, publiziert jährlich die Liste der reichsten chinesischen Unternehmer. 1999 stellte er unter seinem chinesischen Namen »Hu Run« seine erste chinesische Millionärsliste zusammen. Damals ermittelte er 50 Personen mit einem Vermögen von mindestens 6 Millionen Dollar. 2011 zählte er 279 Chinesen mit mindestens 1 Milliarde Dollar Vermögen.

Die Erfolgsgeschichten der Reichen beschreiben die Entwicklung der gesamten chinesischen Volkswirtschaft, so Hoogewerf. »Historisch gesehen gehörte in China vor einigen 1000 Jahren der ganze Reichtum dem Kaiser. Unter den Kommunisten gehörte das ganze Geld der Regierung. Vor 30 Jahren konnte man nur reich werden, wenn man korrupt war. Damals machte man sein Geld innerhalb der Partei, in der Armee oder mit Schmuggel. Heute geben erfolgreiche, unabhängige Unternehmer dem Reichtum ein positives Image. Chinesische Unternehmer sind geschäftstüchtig, clever und innovativ.«

Die Ausgabe der Hu-Run-Milliardärsliste 2013 zeigt aber, dass die Industrieländer wieder schneller Milliardäre produzieren als die aufstrebenden Schwellenländer und die BRICS-Staaten, wozu auch China gehört. 2013 haben sich die Milliardenvermögen vor allem über die Börsen, den Technologiesektor und den IT-Boom vermehrt und nicht mehr wie zuvor vor allem über Immobilienspekulationen, womit allen voran die Chinesen gigantische Reichtümer anhäuften.

Korrupte Beamte: kleiner Lohn – große Macht

Der Hu-Run-Report zeigt auch: Zwei von drei Reichen wollen China verlassen oder zumindest eine ständige Aufenthaltsgenehmigung in einem anderen Land besitzen. Ein Drittel hat schon ein Standbein im Ausland und die Zahl steigt. Eine Studie der Bank of China zeigt das Gleiche: 60 Prozent der Dollarmillionäre in China spielen mit dem Gedanken auszuwandern. 14 Prozent der Reichsten haben das Land bereits verlassen.

Nicht alle Reichen wollen auf Hoogewerfs Liste sein. Es gibt die Tycoons, die ihr Vermögen lieber nicht offenlegen und sich auch sonst eher bedeckt geben. Am besten diskutiert man über solche Themen in lockerer Atmosphäre. Das Treffen eines Sportwagenklubs in der Zehn-Millionen-Stadt Chengdu scheint mir ein geeigneter Anlass. Die Reichen sind gekommen, um ihre neuesten Spielzeuge zu präsentieren. Stolze Männer sitzen hinter dem Steuer von 800 000 Dollar teuren Sportwagen. In den 1970er-Jahren noch wären sie wohl von einem Mob gelyncht worden, weil sie ihren Reichtum öffentlich zur Schau stellen. Die Zeiten haben sich geändert.

»Ich habe über zehn Autos: darunter einen Bentley, Ferrari, Porsche, Maserati, Nissan, BMW und einen Mercedes Benz. Vor zehn

Jahren fühlte man sich in China in einem Sportwagen wie in einem Science-Fiction-Film, heute werden viele Menschen immer reicher. Sportwagen sind keine Seltenheit mehr«, sagt ein junger Mann, der lässig an seinem Ferrari lehnt.

Dass sie Geld haben, zeigen die Neureichen hier gerne. Wie sie dazu gekommen sind, behalten sie lieber für sich. Immobilien, sagen die meisten. Ein Unternehmer, der sein Vermögen mit Bodenspekulationen gemacht hat, bestätigt, dass viele reiche Unternehmer ins Ausland drängen, denn sie hätten Angst um ihr Vermögen. Solche Unternehmer nennt man in China die »Running Rich«.

»Es gibt viele Tycoons, die illegal zu ihrem Vermögen gekommen sind. Sie kooperieren mit korrupten Beamten. Es ist ein Austausch von Macht und Geld, ein Business-Deal. Darum können viele Tycoons ihr Geld nicht öffentlich machen. Sie transferieren ihr Vermögen aus dem Land, nicht weil sie lieber im Ausland investieren, sondern weil sie einen sicheren Hafen suchen für ihr Kapital«, sagt Professor Yan Lixin, der Leiter des Anti-Geldwäsche-Zentrums an der Fudan Universität in Schanghai.

Eine weitere große Gruppe von Kapitalflüchtigen sind in China die Beamten. Zwischen 1990 und 2010 haben korrupte Beamte 120 Milliarden Dollar ins Ausland geschafft. 18 000 Parteifunktionäre, Regierungsbeamte und Manager staatlicher Firmen haben sich auch gleich ins Ausland abgesetzt, nachdem sie Bestechungsgelder in Milliardenhöhe akzeptiert haben.

In einem Land, das jedes Jahr neue reiche Unternehmer hervorbringt, ist es für die Beamten schwierig, der Versuchung zu widerstehen, über öffentliche Ämter an Geld zu kommen. Ein Staatsangestellter hat durch sein Amt zwar Status und Macht, doch ohne die Vorteile, die sich bei einem offiziellen Posten unter der Hand ergeben, wären diese lange nicht so begehrt. Der Lohn der Beamten ist gering. Ihre Macht dagegen groß. Ein Nährboden für Korruption.

Wenn zum Beispiel eine Baugenehmigung unterzeichnet werden muss oder eine Bewilligung aussteht, erhalten Beamte Geld.

Der rote Umschlag, der ihnen zugesteckt wird, hat eine lange Tradition. Viele Beamte bewegen sich gar nicht ohne Schmiergeldzahlung. Sie zählen bei Antritt ihres Postens darauf, schwarz dazuzuverdienen. Die Gehälter von Beamten und auch höheren Staatsangestellten sind so niedrig, dass sie sich gar in den Staatsmedien darüber beklagen. Es ist wenig erstaunlich, dass die Korruption in Sektoren blüht, wo der Staat stark präsent ist und große Ermessensspielräume existieren. Steuern, Zölle, der Verkauf von Grundstücken und Infrastrukturprojekte stehen an der Spitze der korrupten Sektoren.

Zhang Bingjian gibt den korrupten Offiziellen ein Gesicht. Als ich sein Atelier in Peking betrete, fallen mir sofort die zahlreichen Porträts an der Wand auf. Er nenne dies seine »Hall of Shame«, sagt der Aktionskünstler lachend bei unserer Begrüßung. 2000 Porträts von korrupten Funktionären hat Zhang schon malen lassen und es werden immer mehr.

Einige der Schmiergeldmillionäre sitzen in China ihre Gefängnisstrafe ab. Zu den prominentesten gehört der ehemalige Bürgermeister und Parteichef von Schanghai. Auch er ist in Zhangs Ruhmeshalle vertreten. Zehntausende stehlen weiter. »China ist kein reiches Land. Normale Leute kämpfen noch immer finanziell ums Überleben. Die korrupten Beamten stehlen Geld von den Steuerzahlern. Das macht mich krank. Ich hoffe, dass durch dieses Projekt die Menschen die Frage stellen werden, warum das in China so oft geschieht«, erklärt Zhang Bingjian sein Kunstprojekt.

Die Porträts sind in der Farbe Rosa gemalt, in China die Farbe des Geldes. Es ist die Farbe der höchsten chinesischen Banknote, 100 Yuan, umgerechnet etwa 16 Dollar. Es soll daran erinnern, dass die Funktionäre Straftaten aus Geldgier begangen haben.

Gemalt werden die Porträts der Funktionäre im südchinesischen Künstlerdorf Dafen. Es ist das Dorf, in dem junge, arbeitslose Kunstschulabsolventen in kleinen Ateliers in Fließbandarbeit van Goghs Sonnenblumen und Monets Seerosen produzieren, um ihren Lebensunterhalt zu verdienen. Auch die Funktionäre werden so gemalt, auf schlechten Leinwänden, mit schlechten Farben. Billige Massenproduktion, das ist Teil des Konzepts, sagt Zhang Bingjian in seinem Pekinger Atelier.

Die Maler im südchinesischen Künstlerdorf malen nach Fotos. Sie wurden von den Lokalbehörden gewarnt, nicht mehr für das Projekt zu arbeiten. Die Beamten seien nervös, denn das ganze System sei korrupt, sagt einer der jungen Künstler. Er arbeite aus Überzeugung an Zhangs Projekt. »Die Regierungsangestellten in China sind eine kriminelle Bande mit legalem Titel. Sie machen Geld durch Korruption. Viele Menschen, die darunter leiden, trauen sich nicht zu reden. Ich lasse mich nicht einschüchtern. Wir brauchen mehr Künstler mit Ideen wie Zhang Bingjian.«

Der Aktionskünstler rechnet damit, dass seine Sammlung in den nächsten 20 Jahren weiter wachsen wird, denn die Korruption sei allgegenwärtig und nehme stetig zu. Das bestätigen auch offizielle Zahlen. 2012 sollen korrupte Beamte 1000 Milliarden US-Dollar aus dem Land geschafft haben. 2013 wurde mit bereits 1500 Milliarden Dollar gerechnet. So steht es in einem Arbeitsrapport der Kommunistischen Partei zu den offiziellen Antikorruptionsbemühungen.

Professor Yan Lixin schätzt die Schattenwirtschaft in China auf 5 Prozent des Bruttoinlandsprodukts. Sie involviere fast alle Sektoren und Branchen. Vom Detailgeschäft bis hin zu öffentlichen Institutionen. »Viele wollen nur Beamte werden, weil es Geld bedeutet«, bestätigt Professor Yan Lixin, der Leiter des Anti-Geldwäsche-Zentrums in Schanghai. »Auch wenn das Geld von keiner Straftat kommt, die Herkunft des Geldes ist illegal und unfair. Es ist eine systematische Korruption, die alle Industrien betrifft. Ein Dorfchef, der millionenschwer ist, ein Parteisekretär, der über hundert Häuser besitzt: Die soziale Ungerechtigkeit schafft Probleme. Die Beamten haben Angst aufzufliegen, darum schicken sie ihre Familien mit dem Geld ins Ausland und bleiben alleine zurück. Wir nennen sie die ›nackten Beamten‹.«

»In China zählt das Schweizer Bankgeheimnis noch etwas«

Egal, ob das Geld von Beamten, Funktionären, Unternehmern, Millionären oder einfach Bürgern aus dem Land geschafft wird, die Kapitalflucht hat große Ausmaße angenommen. Fast 4 Trillionen Dollar sind dem chinesischen Staat zwischen 2000 und 2011 gemäß Berechnungen des US-Forschungszentrums Global Financial Integrity abhandengekommen. Kein anderes Land leidet so stark an »illict financial flows«, also internationalen Transaktionen, die der Steuerhinterziehung sowie der Geldwäscherei, der Korruption und anderen kriminellen Aktivitäten dienen. Die Schätzungen beruhen auf der Analyse von Fehlbeträgen in Zahlungsbilanzen und offiziellen Handelsstatistiken. Jeder zweite Dollar Schwarzgeld auf der Welt stammt heute aus China.

Bargeld in einem Koffer über die Grenze zu schaffen ist beliebt, aber limitiert. Größere Summen werden mithilfe von Import- und Exportgeschäften verschoben. Bei Ausfuhren setzen chinesische Unternehmer, die ihr Geld ins Ausland schaffen wollen, die Preise zu niedrig an, die Differenz lassen sie sich auf ein Konto außerhalb des Landes überweisen.

Nicht selten folgt der Geldadel seinen Millionen über kurz oder lang gleich selbst ins Ausland. Die USA sind das beliebteste Zufluchtsziel. Die USA vergeben die meisten Investorenvisa an Chinesen. Kostenpunkt 500 000 Dollar. Kanada nimmt 1,5 Millionen Dollar für eine Niederlassungserlaubnis.

Beim Auswandern und mit den Formalitäten hilft die Firma Goldlink in Peking. Die Destinationen sollen kein Auslieferungsabkommen mit China haben und gute Schulen für den Nachwuchs bieten. Neben den USA, Kanada und Australien wird auch Europa immer interessanter. 60 Prozent wollen dorthin, sagt die Firmenchefin.

Die Rezession in Europa macht das Einwandern einfach. »Du kaufst ein Haus oder schaffst zehn Arbeitsplätze, das reicht. Wer in

Portugal für 500 000 Euro Immobilien kauft, erhält ein permanentes Visum. In Zypern reichen 300 000 und in Lettland 150 000 Euro an Immobilieninvestitionen. Wer für Ungarn eine Niederlassungsbewilligung will, muss 250 000 Euro in Staatsanleihen investieren«, erläutert Helen Zhou in einem Interview mit uns.

Während des Besuches findet ein Informationstreffen für Auswanderungswillige statt. Gefilmt werden will niemand. Off the records nennt ein Auswanderungswilliger mehr Freiheiten, bessere Investitionsmöglichkeiten, bessere Gesundheitspflege und Erziehung und weniger Angst vor sozialen Unruhen: »Wenn es zu sozialen Unruhen kommt, ist unser Geld nicht geschützt, denn die Menschen glauben, wir hätten es illegal verdient.« Bei der Auswanderungsagentur Goldlink müssen die Kunden den Strafregisterauszug abgeben und persönliche Angaben zu ihrer Motivation auszuwandern machen. »Beamte und Funktionäre würden ihren Hintergrund sicherlich nicht offenlegen und eine falsche Identität angeben. Wenn wir das nicht entdecken, können wir nicht entsprechend handeln. Aber ich bin sicher, dass wir noch nie einem Regierungsbeamten geholfen haben, das Land zu verlassen«, sagt die Agenturchefin.

Auch in die Schweiz bringen die Chinesen ihr Geld gerne. Das zeigt sich an einer Messe für Luxusimmobilien in Peking. Die Firma »Zermatt Luxury Property« verkauft Villen und Châlets in der Schweiz und an der Côte d'Azur im zweistelligen Millionenbereich. Auf die Frage hin, wer die Kunden für ihre Immobilien seien, hat die Verkaufsleiterin schnell eine Antwort bereit: »Ganz klar die sehr gehobene Klasse. Es sind viele Politiker, die bei uns kaufen und investieren. Aber auch viele Unternehmer. 20 bis 30 Prozent unserer Kunden kommen aus China. Aber wir erwarten weiteres Wachstum.« Die Chinesen, die sich an der Immobilienmesse für die Schweiz interessieren, nennen die gute Luft, die Lebensqualität und die Stabilität als Gründe.

Professor Yan Lixin in Schanghai sieht noch einen anderen Grund: den Schweizer Bankenplatz. »Das Schweizer Bankgeheimnis ist hier ein Gütesiegel. Ich bin weder ein Krimineller noch ein Diktator, aber wenn ich könnte, würde ich mein Geld in die Schweiz bringen. Das scheint uns Chinesen der sicherste Platz, um Geld zu deponieren.«

Immer wieder stelle ich bei meinen Interviews fest, dass das Schweizer Bankgeheimnis in China noch etwas gilt. Zumindest der Mythos der absoluten Diskretion ist in Asien höchst lebendig. Vielleicht ist das Geld aus China ja das nächste Problem, das auf die Schweizer Banken zukommt. »Wer politisch exponierte Persönlichkeiten – sogenannte PEP – aus China als Kunden annimmt, nimmt ein hohes Reputationsrisiko in Kauf«, sagt Thomas Meier, CEO der Julius Bär Asia. »Kunden, die nahe an den politischen Schaltzentralen sitzen, würde ich nicht einfach akzeptieren, wir haben dafür einen strengen Prüfungsprozess. Wir wollen sicher sein, dass das Geld legitim erwirtschaftet wurde, wollen Quelle, den Ursprung des Geldes verstehen.«

Antikorruptions-Kampagnen als kosmetische Korrektur

Wie reich viele Funktionäre sind, zeigt ein Blick auf Chinas Scheinparlament. Der Nationale Volkskongress ist das jährliche Politereignis in Peking. 6000 Parteikader aus dem ganzen Land kommen zusammen, um abzunicken, was die Zentralregierung beschlossen hat. Diese Versammlung der Kommunisten ist die größte Versammlung von Millionären, die es weltweit gibt. Zum Vergleich: Die 70 höchsten Kommunisten haben ein Reinvermögen von 90 Milliarden Dollar (2011). Die 660 höchsten US-Beamten haben ein Reinvermögen von 7,5 Milliarden.

Präsident Xi Jinpging startete zu Beginn seiner Amtszeit eine groß angelegte Antikorruptions-Kampagne und forderte die Funktionäre zur Mäßigung auf. Vorbei sind die Zeiten der ausufernden Staatsbankette und ähnlicher Extravaganzen für Politiker. Haifischflossen-Suppe wurde vollends vom Menüplan gestrichen und die Umsatzzahlen des Luxusschnapses Moutai sind stark eingebrochen. Die Schweizer Weinhändlerin Claudia Masüger in Peking bestätigt, dass sie die Auswirkungen von Xi Jingpings Kampagne in sinkenden Verkaufszahlen von Luxusspirituosen spüre.

Im Kampf gegen Korruption wolle er weder »Fliegen noch Tiger« verschonen, versprach Xi Jingping. Der frühere Eisenbahnminister, ein hoher General und der ehemalige Spitzenpolitiker Bo Xilai wurden verhaftet und wegen Korruption verurteilt. Rund 100 000 Parteifunktionäre wurden vor Gericht gestellt.

Das Problem ist: Im Kampf gegen die Korruption setzt Xi Jingping nur auf die Durchgriffsmacht der Parteizentrale. Es wird ganz oben entschieden, wo, bei wem und wie viel Transparenz zugelassen wird. Echte Transparenz ist erst möglich, wenn es unabhängige Gerichte gibt und wenn freie Medien zugelassen sind. Es gibt auch keine Bürgerbeteiligung, im Gegenteil: Aktivisten, die forderten, dass die Vermögen von Spitzenpolitikern offengelegt werden, wurden verhaftet. Der Rechtsanwalt und Antikorruptions-Aktivist Xu Zhiyong wurde zu einer Gefängnisstrafe verurteilt – ohne faires Gerichtsverfahren. Dabei hatte sich Xu Zhiyong nur gegen Korruption eingesetzt – genau so, wie es der amtierende Präsident Xi Jingping verlangt hatte.

Es bleibt also die Frage offen, wie ernst es der Regierung mit der Korruptionsbekämpfung ist. Diese Frage stellt sich besonders dringlich nach den Enthüllungen der Milliardenvermögen chinesischer Politikerfamilien im Januar 2014. Das Propagandaministerium verlangte, dass alle Informationen über die Offshore-Leaks geheim gehalten werden, Berichte ausländischer Medien und chinesische Blog-Einträge zum Thema wurden gesperrt.

Bei den sensitiven Daten handelt es sich um Offshore-Leaks-Dokumente, die dem Konsortium Investigativer Journalisten zugespielt wurden. Sie enthüllen, dass Hunderte von Geschäftsleuten und hochrangigen Politikern über Briefkastenfirmen Milliarden von Dollars in Steueroasen geschleust haben. Sie belegen, wie die chinesische Elite jahrelang Milliardenvermögen auf kleine Karibikinseln geschafft hat. Das ist keine neue Nachricht, neu sind die Details des Geldschmuggels und in welchem Ausmaß der Führungszirkel um den Staatspräsidenten selbst davon Gebrauch gemacht hat, darunter auch Xi Jingpings Schwager, ein Immobilientycoon.

Weder Xi Jingping noch seiner Frau wurden Milliardenvermögen oder ausländische Konten nachgewiesen und dennoch ist die Skepsis groß. Für die chinesische Volkswirtschaft stellt der Kapitalabfluss keine zu große Gefahr dar, denn es fließen auch Milliarden von Dollars jedes Jahr ins Land. Auch sind die Investitionen von ausländischen Firmen in China nach wie vor massiv.

Aber die Enthüllungen über den Kapitalschmuggel schaden der Glaubwürdigkeit der Führungsriege. Sie bestätigen das, was die meisten Chinesen schon lange vermuten: Die Politiker sind korrupt und bereichern vor allem sich selbst und ihre Familienmitglieder. Dies wird begünstigt durch die Verflechtung von Politik und Wirtschaft und die fehlenden Kontrollmechanismen. Die Politik und die Spitzen der Staatsunternehmen sind eng miteinander verbunden. An diesem System verdienen viele Politiker sehr gut. So lange die neue Führung in China keine Strukturveränderungen zulässt, bleiben Xi Jingpings groß angelegte Antikorruptions-Kampagnen wohl eher kosmetische Korrekturen.

Der chinesische Traum

Was ist von dem Mann zu erwarten, der zum »chinesischen Traum« aufruft? Wie sein Vorgänger gab auch Xi Jingping eine Regierungsdevise zum Besten. Hu Jintao hatte noch die »harmonische Gesellschaft« propagiert, Xi Jingping ruft zu einem »chinesischen Traum« auf. Der chinesische Präsident träumt von einem »starken, wohlhabenden, modernen, harmonischen, sozialistischen Land«. In den Buchläden in Peking ist der chinesische Traum in verschiedensten Varianten erhältlich. Als Teil einer Kampagne ließ Xi Jingping Bücher zum Thema drucken, denn das Volk soll mitträumen. Xi Jingping träumt von der »großen Wiedergeburt der chinesischen Nation«.

Seit meiner Ankunft in Peking 2006 hat sich das Land verändert. China ist zu einem Global Player geworden. Auch die Hauptstadt ist nicht mehr die Gleiche. Das fällt mir heute noch deutlicher auf, weil ich mittlerweile in Hongkong lebe und arbeite.

Wenn das Flugzeug die gelblich-graue Smogdecke durchstößt, weiß ich, dass ich da bin. Unter mir erscheint die mittlerweile 22 Millionen Einwohner zählende Metropole. Auch die Taxifahrer sind noch so, wie ich sie in Erinnerung habe. Mit einer Kopfbewegung deutet mir mein Taxifahrer an, dass ich meinen Koffer selber in den Kofferraum stemmen soll. Vieles ist gleich und doch ist alles anders.

Heute, neun Jahre nach meiner Ankunft in der Hauptstadt, sind viele der Menschen, die mich begleitet haben, nicht mehr da. Meine ausländischen Freunde sind zurück in Europa, irgendwo in Südostasien oder zumindest in Schanghai, um dem Pekinger Smog zu entkommen. Die Hauptstadt wurde im Januar 2014 von chinesischen Wissenschaftlern in einer Studie für Menschen als »nahezu unbewohnbar« bezeichnet wegen der Luftverschmutzung.

Meine Freundin Tammy Hu lebt mit ihrem Mann und ihren drei Kindern in ihrem Geburtsort Taiwan. Sie wurde vom chinesischen Management ihrer Firma über den Tisch gezogen, geprellt und in die Enge getrieben. Sie musste weg, um einen Neuanfang zu machen. Unsere ehemalige Nanny Li Jing lebt in Kanada und ist glücklich dort. Zurückkommen nach China will sie nicht mehr. Außer vielleicht um zu heiraten, ihre Eltern drängen sie dazu. Sie lebe jetzt in einem Land, in dem das Gesetz etwas gelte und die Bürger ihre Rechte wahrnehmen können, sagt sie. Siyun Zheng, die Hühnerfüße mochte, ist mit einem Engländer verheiratet und lebt in London.

Meine ehemalige Mitarbeiterin Sissi Zheng ist zurück in Schanghai. Sie hat schon immer das Beste aus jeder Situation gemacht. Sissi, die pragmatische Schanghaierin mit ausgeprägtem Geschäftssinn, wird die Chancen, die China bietet, clever zu nutzen wissen. Um Sissi habe ich mir noch nie Sorgen gemacht.

Mein engster Vertrauter in Behördenfragen (ich nenne ihn hier Liu), der mich mit seinem Humor durch so manches Tal getragen hat, ist mittlerweile verheiratet, obwohl es ihm vor den finanziellen Bürden der Heirat graute. Ich erinnere mich gut daran, wie er eines Sommers nach Schweden fuhr in der Absicht, in Stockholm an einer Demonstration teilzunehmen. »Gegen was willst du denn in Schweden demonstrieren«, fragte ich ihn verblüfft. Ganz egal, er wolle einfach ganz vorne mitlaufen, direkt vor den Fernsehkameras, und Parolen brüllen. »Einfach einmal frei sein«, sagte er.

Meine ehemaligen Produzentinnen Lisha und Daisy sind in Peking geblieben. Lisha arbeitet nach einem kurzen Ausflug in die PR-Welt wieder in den Medien. Daisy ist Produzentin bei einer internationalen Fernsehstation. Beide Frauen haben Eigenschaften, die sie zu exzellenten Journalistinnen machen. Sie sind genau, haben ein gutes Gespür für Menschen, die Fähigkeit, Wichtiges von Unwichtigem zu unterscheiden, und einen ausgeprägten Gerechtigkeitssinn. Sie werden weiter Geschichten über China erzählen. Auch über den chinesischen Traum: den der Regierung und den des Volkes.

Vielen meiner Bekannten in Peking geht es heute finanziell besser als früher, doch sie machen sich mehr Sorgen um ihre Zukunft. Keine Frage, China hat uns alle erschöpft. Der Gigant fordert seinen Zoll. Das ist ein Gefühl, das ich so bei meiner Ankunft noch nicht gespürt habe. Damals schien alles möglich, es herrschte eine elektrisierende Aufbruchstimmung. Lange Nächte haben wir alle im Biergarten unseres Bürokomplexes verbracht, Nächte gefüllt mit hitzigen Diskussionen und Heldengeschichten. Damals ging es um den Moment, heute geht es um die Zukunft. Für uns, wie auch für China. Meine chinesischen Freunde haben ihre eigene Vorstellung davon, was die Zukunft bringen soll. Hier einige Aussagen – ganz bewusst ohne Namensnennung.

»Ich wünsche mir, dass freie Meinungsäußerung die Menschen nicht länger zu Dissidenten macht. In der Endkonsequenz heißt das, ich möchte meine Regierung selber wählen können.«

»Ich wünsche mir, dass es eine gute Krankenversicherung gibt und dass die Immobilienpreise den Einkommen der Mittelschicht entsprechen. Menschen, die so hart arbeiten wie wir, sollten sich auch eine Wohnung leisten können.«

»Der chinesische Traum ist eine Worthülse. Alle, die können, verlassen das Land. Erst wenn wir Chinesen auch in unserem Land leben wollen, geht mein chinesischer Traum in Erfüllung.«

»Ich wünsche mir, dass China eine starke, aber auch eine gerechte Nation wird, damit wir im Ausland stolz sein können, Chinesen zu sein.«

Raue Töne nach außen, um von inneren Problemen abzulenken

Stolz will Xi Jingping sein Volk machen mit der »großen Wiedergeburt der chinesischen Nation«. Dabei spielt Chinas militärische Stärke eine klare Rolle. Die Phase des »friedlichen Aufstiegs« ist vorbei, jetzt geht es um »Frieden durch Stärke«. Im Pazifikraum buhlen die beiden Weltmächte um Einfluss. US-Präsident Obama verkündete vor dem australischen Parlament in Canberra: »Wir sind eine Pazifikmacht und wir sind hier, um zu bleiben.« Gleichzeitig setzt China seine Territorialansprüche immer klarer durch. Vor dem Hintergrund der Spannungen mit seinen Nachbarn und den USA, die ihre pazifische Präsenz ausbauen, erhöht China 2014 seine Militärausgaben unerwartet deutlich (um 12,2 Prozent auf 120 Milliarden Dollar).

Beim Nationalen Volkskongress sagt Regierungschef Li Keqiang, dass Chinas Streitkräfte unter »Berücksichtigung der neuen Bedingungen« modernisiert und gestärkt werden sollen. Die Küsten-, Luft- und Grenzstreitkräfte würden ausgebaut. China wolle auch seine Vorbereitungen auf den Kriegsfall verbessern. Chinas neuer Status in der Welt bringt nicht nur Handelsallianzen, sondern bedeutet auch Konfliktpotenzial. Genau wie die alten Mächte wendet China Drohungen und militärische Gewalt an, um territoriale Ansprüche durchzusetzen, nutzt diplomatische Erpressung, setzt auf wirtschaftliche Kolonisierung, um an Rohstoffe zu gelangen, missachtet internationale Spielregeln und praktiziert Produktpiraterie und Wirtschaftsspionage. China nutzt die neue Macht.

Xi Jingping, Chinas Partei- und Militärchef, hat seit seinem Amtsantritt im März 2013 viel mehr Macht generiert, als sein Vorgänger Hu Jintao je hatte. Xi hat unliebsame Generäle ersetzt und aufmüpfige Provinzvorsteher entlassen. Die rauen Töne, die der Parteichef bei den Territorialstreitigkeiten mit Japan, Vietnam und den Philippinen anschlägt, sollen auch dazu dienen, von inneren Problemen abzulenken und seine Kritiker zu beschwichtigen. Die Hardliner zu Hause werden leiser, je lauter Xi mit den Säbeln rasselt. Und Xi Jingping braucht Unterstützung, denn er hat viel vor.

Der Präsident hat die nächste Phase des Wachstums skizziert: Um die Kaufkraft im Land zu stärken, soll der Sozialstaat deutlich ausgebaut werden. Das Land – einst Werkbank der Welt – soll zusehends hochpreisige Markenprodukte herstellen und Innovationen schaffen, darum will China mehr in Bildung und Forschung investieren. Xi Jingping will den staatlich kontrollierten Finanzsektor öffnen und das Kreditsystem flexibilisieren, damit Privatfirmen mehr Chancen erhalten. Xi kündigt auch Reformen beim Privatbesitz in der Landwirtschaft und beim Hukou-System an. Nicht zuletzt will er die Korruption weiter bekämpfen. All diese Versprechen zeigen, in welchem Dilemma Chinas Führer stecken: Reformieren sie das Wirtschaftssystem zu langsam, wird das Wachstum abflauen, dann könnte es zu sozialen Unruhen kommen. Reformieren sie das System zu schnell, sind ihre Macht und Privilegien bedroht, denn die anstehenden Reformen sind nur möglich, wenn die KP Kontrolle abgibt.

Xi Jingping lässt sich nicht gerne reinreden. Seine Gegner schaltet er aus, etwa durch Verhaftungen im Zuge der Antikorruptions-Kampagne, und gegen Regimekritiker geht er hart vor. Laut der Organisation China Human Rights Defenders haben sich seit Xi Jingpings Amtsantritt die Festnahmen von Bürgerrechtlern fast verdreifacht. Der Bericht mit dem Titel »Ein albtraumhaftes Jahr unter Xi Jingpings chinesischem Traum« kritisiert unter anderem politische Verfolgung, gewaltsame Übergriffe, die Verletzung von Meinungs- und Versammlungsfreiheit sowie die Unterdrückung von Minderheiten. Auch hat die neue chinesische Führung eine strengere Internetkontrolle eingeführt. Wer Gerüchte im Internet verbreitet, kann dafür ins Gefängnis wandern.

Das gehorsame Kollektiv ist Teil von Xi Jingpings chinesischem Traum. Es ist das Gegenmodell zum amerikanischen Traum, mit dem sich Xi an die Chinesen richtet. Während der amerikanische Traum dem Einzelnen die Chance für individuelle Entfaltung und die Aussicht auf ein höheres Einkommen in Aussicht stellt, steht der chinesische Traum für ein kollektives Streben nach der Stärke des Landes. Für Xi Jingping sind der Traum der Nation und der Traum des Individuums identisch.

»Warum müssen wir uns für unsere Träume schuldig fühlen?«

Im Internet füllen die Menschen den chinesischen Traum mit eigenen Inhalten. Liu Shengjun, der Vizedirektor des CEIBS-Finanzforschungszentrums, das der Schanghaier Regierung untersteht, lancierte auf Weibo seine zehn Wünsche für die nächsten zehn Jahre. Darunter: »Ich wünsche mir, dass wir nicht länger das Milchpulver für unsere Kinder im Ausland kaufen müssen, dass wir sichere Lebensmittel im Supermarkt kaufen können. Dass die Mittelschicht nicht länger Sklave ihrer Hypotheken ist, dass die Umweltverschmutzung nicht noch schlimmer wird. Ich wünsche mir, dass sich das Wohlstandsgefälle nicht weiter vergrößern wird, dass die reichen Unternehmer nicht mehr ins Ausland auswandern, dass es keine nackten Beamten mehr gibt und dass jeder eine Chance hat, nicht nur diejenigen mit den richtigen Beziehungen.« Der Weibo-Eintrag wurde über 100 000-mal gelesen, weitergeleitet und im einflussreichsten Wirtschaftsmagazin des Landes als Kolumne abgedruckt.

Die Redakteure der einflussreichen südchinesischen Zeitung »Nanfang Zhoumo« publizierten in der Neujahrsausgabe einen Leitartikel unter dem Titel »Chinesischer Traum – Konstitutioneller Traum«, der Reformen forderte und der die Regierung dazu aufrief, die Bürgerrechte endlich ernst zu nehmen: »Nur wenn wir die verfassungsmäßigen Rechte ernst nehmen und die Macht in ihre Schranken weisen, wenn Menschen ihre Kritik an der Regierung ohne Angst öffentlich äußern können, nur dann werden die Bürger spüren, dass sie genug Freiheit haben, um ihr eigenes Leben leben zu können. Nur dann können wir eine freie und starke Nation schaffen.«

Als die Journalisten am nächsten Tag die Zeitung aufschlugen, mussten sie erstaunt feststellen, dass das Propagandaamt ihren Leitartikel ohne Wissen der Redaktion umgeschrieben hatte in eine Lobhudelei auf die Kommunistische Partei. Die Redakteure der staatlichen Zeitung traten in einen Streik und demonstrierten gegen die Zensur. Andere Redaktionen solidarisierten sich. In kurzer Zeit hatten sich Hunderte von Sympathisanten vor dem Sitz der Zeitung eingefunden, um zu protestieren. »Wir wollen Pressefreiheit, Verfassungsmäßigkeit und Demokratie.« Über das Internet erhielten die Redakteure viel Unterstützung aus anderen Städten des Landes.

Bauerndemonstrationen wegen Landenteignung sind an der Tagesordnung, Demonstrationen der Mittelklasse gegen Umweltverschmutzung nehmen zu, aber ein Protest gegen den Verstoß eines Menschenrechts wie Pressefreiheit und Meinungsfreiheit, das ist neu. »Warum müssen wir uns für unsere Träume schuldig fühlen? Ist das der chinesische Traum?«, fragt einer der Demonstranten.

»Wie ist denn China so?«

Die Menschen träumen schon lange nicht mehr den Traum des Staates. Die Akademie der Sozialwissenschaften, die renommierteste Denkfabrik im Land, hat in ihrem Jahresbericht zur Lage der Nation den Menschen die Frage nach dem Vertrauen gestellt und kam zum Schluss: Noch nie seit 2006 war das Misstrauen der Menschen untereinander und gegenüber der Regierung so groß wie heute. Das ist es, was sich verändert hat seit meiner Ankunft im Jahr 2006.

Xi Jingping warnt vor dem Machtverlust der Kommunistischen Partei. Er erinnert bei einer Rede in kleinem Rahmen an den Zerfall der Partei in der Sowjetunion und warnt, dass so etwas in China auf keinen Fall geschehen dürfe. Reformen führt er durch, weil er keine Wahl hat. Doch eine echte Liberalisierung will er nicht. Xi Jingping setzt auf ein Entwicklungsmodell, bei dem der Staat den Markt steuert.

Auch hier setzt er auf ein Gegenmodell: das Gegenmodell zum westlichen Marktliberalismus. Doch um ein nachhaltiges Wachstum zu generieren und erfolgreich Reformen durchzuführen, braucht Xi Jingping nicht nur eine Partei, die geeint hinter ihm steht, sondern auch ein Volk, das der Regierung vertraut.

»Wie groß der Einfluss einer Nation auf der Welt wird, hängt auch damit zusammen, wie gut das Land zu seinen Menschen ist. Die Innen- und Außenpolitik der neuen Regierung scheint die Gleiche zu sein: Sie treiben freundlich gesinnte Länder auf die Gegenseite und Menschen voller Erwartungen und Hoffnungen zu den Dissidenten«, sagt der Historiker Zhang Lifan. Xi Jingping sagt, dass er das Land verändern will. Ob er das vor allem zum Machterhalt der Partei tut, oder ob es ihm dabei um das Wohl seines Volkes geht, das muss sich erst noch zeigen.

»Wie ist China denn so?«, fragen mich die Leute manchmal in der Straßenbahn, wenn ich zurück in der Schweiz bin. »Wie viel Zeit haben Sie?«, frage ich dann zurück. China lässt sich nicht auf einer Straßenbahnfahrt vom Hauptbahnhof ins Fernsehstudio erklären. Auch ein Flug von Zürich nach Peking reicht nicht. Und auch dieses Buch nicht. Ich denke immer noch über diese Frage nach. China ist so nervenaufreibend und anziehend, so frustrierend und faszinierend, weil es so schwierig zu verstehen ist. Mein chinesischer Traum? Ich denke nicht, dass ich als Ausländerin zu einem chinesischen Traum berechtigt bin. Was ich jedoch sagen kann: Ich werde immer mit China verbunden bleiben. China hat mich geprägt, als Journalistin und als Mensch.

Quellen und Literatur

Verwendete Literatur

Brautigam, Deborah, The Dragon's Gift, The Real Story of China in Africa, Oxford University Press, Oxford 2010

Barr, Michael, Who's afraid of China? The Challenge of Chinese Soft Power, Zed Books Ltd., London 2011

China Statistical Yearbook, China Statistic Press

Economy, Elizabeth C., The River Runs Black, Cornell University Press, Ithaka & London 2010

Gerth Karl, As China Goes, So Goes the World: How Chinese Consumers Are Transforming Everything, Edition Mcmillan USA, New York 2011

Gifford, Rob, China Road: A journey into the future of a raising power, Random House, New York 2007

Graham, Allison, Robert D. Blackwill, Ali Wyne, Henry A. Kissinger, Lee Kuan Yew: The Grand Master's Insights on China, the United States, and the World, Belfer Center Studies in International Security, The MIT Press, Cambridge (USA) 2013

Hirn, Wolfgang, Herausforderung China: Wie der chinesische Aufstieg unser Leben verändert, S. Fischer Verlag, Frankfurt am Main 2005

Hirn, Wolfgang, Angriff aus Asien, Wie uns die neuen Wirtschaftsmächte überholen, S. Fischer Verlag, Frankfurt am Main 2007

Hirn, Wolfgang, Der nächste kalte Krieg: China gegen den Westen, S. Fischer Verlag, Frankfurt am Main 2013

Kissinger, Henry, On China, Penguin Group USA, New York 2012

Ma Tianjie, Environmental Mass Incidents in Rural China. China enviroment, Woodrow Wilson International Center for scholars, 2008/2009

McGregor, Richard, The Party: The Secret World of China's Communist Rulers, Allen Lane (Penguin Books UK), London 2010

Mian Mian, Deine Nacht, mein Tag (Übersetzung Karin Hasselblatt), Kiepenheuer & Witsch, Köln 2004

Pan Lynn, In Search of Old Shanghai, Joint Publishing (H.K.) Co., Ltd., Hongkong 1982

Pan, Lynn, Shanghai: Gangsters in Paradise, Marshall Cavendish Editions, Singapore 1984

Sceats, Sonya, Shaun Breslin, China and the International Human Rights System, The Royal Institute of International Affairs, London 2012

Seitz, Konrad, China: Eine Weltmacht kehrt zurück, Siedler, Berlin 2006

Shirk, Susan L., China – Fragile Superpower, How China's Internal Politics Could Derail Ist Peaceful Rise, Oxford University Press, Oxford 2007

Sieren, Frank, Der China-Schock: Wie Peking sich die Welt gefügig macht, Ullstein, Berlin 2010

Steingart, Gabor, Weltkrieg um Wohlstand: Wie Macht und Reichtum neu verteilt werden, Piper, München 2006

Wang, Helen H., The Chinese Dream: The Rise of the World's Largest Middle Class and what it means to you, 2. Aufl., Bestseller Press, 2012

Wang, Junxiu, Yang Yiyin, Annual Report on Social Mentality of China (2012–2013), Social Sciences Academic Press, Peking 2013

Quellenangaben nach Kapiteln

Ankunft in Peking

Time Magazin, 13. April 1998

http://news.xinhuanet.com/fortune/2006-07/05/content_4796766.htm

State Council, signed by PM Wen Jiabao. Valid from Jan 1st, 2007 to Oct 17th, 2008

Provisions on the Reporting Activities in China Conducted by Foreign Journalists during the Beijing Olympic Games and the Preparatory Period (AKA Decree of State Council No.477)

Article 6: When foreign journalists conduct interviews in China, it's only necessary to get consent from the person or unit being interviewed.

International Press Center, Ministry of Foreign Affairs (17. Oktober 2008)

Regulations of the People's Republic of China on News Coverage by Permanent Offices of Foreign Media Organizations and Foreign Journalists (AKA: Decree of the State Council of the People's Republic of China No. 537)

Article 17: A foreign journalist who intends to interview organizations or individuals in China needs to obtain their prior consent.

Interview von Daniel Cohn-Bendit mit dem TV Sender France Inter

China – die neue Supermacht?

http://finance.people.com.cn/GB/1037/7603589.html

http://tjj.dg.gov.cn/website/web2/art_list.jsp?columnId=1002

http://news.xinhuanet.com/misc/2009-03/05/content_10947020.htm

http://www.caijing.com.cn/2009-02-02/110051988.html

Chen Xiwen at the State Council press conference. Caijing Magazine, on Feb 2nd, 2009

Yin Weimin, Minister of Human Resources and Social Security at CPC's central economic working conference, Xinhua (29. Dezember 2008)

Statistical Communiqué of the People's Republic of China on the 2009 National Economic and Social Development (25. Februar 2010)

http://finance.qq.com/a/20081109/000174.htm

Statistical Communiqué of the People's Republic of China on the 2009 National Economic and Social Development (25. Februar 2010)

http://finance.huanqiu.com/roll/2009-02/361232.html

BBC, 8. April 2006. http://news.bbc.co.uk/2/hi/asia-pacific/4890400.stm

Die Welt (29. August 2010)

www.postzambia.com (20. Oktober 2010)

New York Times (10. Oktober 2012)

http://www.acapital.hk/dragonindex/A_CAPITAL_DRAGON_INDEX_FY_2012_ENG.pdf

Tagesspiegel (21. September 2012)

Project Syndicate (28. Juni 2012)

Sonya Sceats, Shaun Breslin: China and the International Human Rights System, The Royal Institute of International Affairs, London, October 2012, S. 29

http://www.chathamhouse.org/sites/default/files/public/Research/International%20Law/r1012_sceatsbreslin.pdf (5. März 2013)

Zheng Bijian: China's »Peaceful Rise« to Great-Power Status. In: Foreign Affairs, Sept./Oct. 2005

Sonya Sceats, Shaun Breslin: China and the International Human Rights System, The Royal Institute of International Affairs, London, October 2012.

Tagesspiegel (17. März 2013)

Diplomatic Courier (3. August 2013)

Lee Kuan Yew: The Grand Master's Insights on China, the United States and the World, Belfer Center Studies in International Security by Graham Allison, Robert D. Blackwill, Ali Wyne, Henry A. Kissinger

Im Land, das sich selber vergiftet

Encyclopedia of Rivers and Lakes in China

Huai River Commission under Ministry of Water Resources of PRC

Environmental Protection Statistical Year Book of 2012 by Ministry of Environmental Protection

www.mep.gov.cn

http://www.hnsqw.com.cn/sqsjk/hnsz/rkz/

http://www.ha.stats.gov.cn/hntj/tjfw/tjgb/qstjgb/webinfo/2014/02/1392947281440726.htm

http://data.163.com/13/0514/22/8USAH9UN00014MTN.html

Study by Yang Gonghuan. http://english.caixin.com/2013-10-09/100589447.html?p2

http://www.zhb.gov.cn/download/1066078049144.pdf

Ma Tianjie, enviromental mass incidents in rural china, china envirement, 10 (2008/ 2009) Woodrow, Wilson International Centre for Scholars

http://english.people.com.cn/200506/02/eng20050602_188154.html

http://www.ce.cn/xwzx/gnsz/gdxw/201403/17/t20140317_2497413.shtml

http://www.gov.cn/flfg/2005-08/06/content_20997.htm

http://www.stats.gov.cn/tjsj/zxfb/201402/t20140224_514970.html
http://www.zhb.gov.cn/gkml/zj/wj/200910/t20091022_172188.htm
Interview Huo Diashan, CCTV (7. Mai 2009)
http://www.ce.cn/cysc/sp/info/200911/05/t20091105_19844625_2.
shtml
http://www.stats.gov.cn/tjsj/zxfb/201402/t20140224_514970.html
http://mdgs.un.org/unsd/mdg/SeriesDetail.aspx?srid=749&crid=
http://gb.cri.cn/8606/2006/08/03/106@1160362.htm
China's National Population and Family Planning Commission,
Report 2007
http://www.livescience.com/4226-world-10-polluted-places.html
http://www.aqsc.cn/xwzt/104780/104782/104786/273703.html
Financial Times, 2. Juli 2007

Schanghai Megacity – eine Stadt im Burnout

http://industry.caijing.com.cn/2013-07-12/113028537.html
Schanghai Surveying and Mapping Institute, 2010
Der Spiegel, Ausgaben 49-52, 2002
Focus, 14. Februar 2013
http://www.stats-sh.gov.cn/sjfb/201402/267416.html
www.bomoda.com
Bomada, the World's First Digital Platform for the Chinese Retail Tourists
and Western Obsessed Shoppers Announces Seed Round (8. Juli 2012)
Focus (14. Februar 2013)
The Economist (26. Mai 20102)
New York Times (19. September 2010)

Sichuan – ein Erdbeben erschüttert ein Land

http://news.sina.com.cn/c/2008-05-15/185315547642.shtml
http://news.xinhuanet.com/english/2008-12/25/content_10559716.htm
http://www.infzm.com/content/12681/0
http://www.infzm.com/content/12681/0
http://chinadigitaltimes.net/2008/05/lin-qiang-i-felt-guilty-over-deaths-
of-school-children-in-earthquake/
http://news.xinhuanet.com/newscenter/2008-09/23/content_10099662.
htm
The Telegraph (26. Januar 2009)

Tischlein deck dich für 1,4 Milliarden Menschen

http://www.boell.de/de/content/fleischatlas-daten-und-fakten-ueber-tiere-
als-nahrungsmittel

Report 2010–2011 Consumer's Food Safety Confidence Report. Tsinghua
    Universitiy Media investigation
China Economic Net (2. Januar 2011)

Von rechtlosen Bauern und unerwünschten Journalisten – Landenteignung in China

Beijing Daily (26.Januar 2014)
http://baoding.house.qq.com/a/20140126/000016.htm
http://sztqb.sznews.com/html/2009-03/24/content_559140.htm
http://www.amnestyusa.org/research/reports/standing-their-ground-
    thousands-face-violent-eviction-in-china (10. Oktober 2012)
China Society Blue Paper 2009
China Society Blue Paper 2005
http://www.gov.cn/jrzg/2008-10/19/content_1125094.htm
Xinhua News Agency (17. März 2010)
http://news.ifeng.com/mainland/201003/0317_17_1579253.shtml
Barbara Lüthi, Interview in »Neue Zürcher Zeitung« (3. Oktober 2008)

Beste Pisa-Ergebnisse, aber kein Nobelpreis – Chinas Erziehungssystem im Umbruch

China Academy for Social Science, Report »Are There Too Many Chinese?«
    (April 2012)
http://edu.people.com.cn/n/2013/0607/c116076-21772351.html
http://www.stats.gov.cn/tjsj/zxfb/201402/t20140224_514970.html
http://www.universityventuresfund.com/publications.php?title=chinas-
    elite-universities-blackpool-before-easyjet
http://www.moe.gov.cn/publicfiles/business/htmlfiles/moe/s5987/
    201402/164235.html
Tencent.com Education Channel (16. Oktober 2011)
http://edu.qq.com/a/20111016/000141.htm
Survey Report on Chinese Students Intention of Overseas Studies
    (11. Januar 2014)
http://www.eic.org.cn/function/view.php?aid=272368

Das schwere Erbe für die neue Führungsgeneration

China Statistical Yearbook 2013
Die Welt (26. Dezember 2012)
Economic Daily (17. März 2014)
http://www.moh.gov.cn/ldrks/s7847/201309/12e8cf0459de42c981c59e8
    27b87a27c.shtml
The Guardian (28. Juli 2012)

Southern Metropolis Weekly (13. August 2012)
Netease (24. Oktober 2012)
http://chinadigitaltimes.net/space/Fifty_cents (4. März 2013)
http://www.nytimes.com/2012/10/26/business/global/family-of-
    wen-jiabao-holds-a-hidden-fortune-in-china.html?_r=0
Bloomberg News (22. Juni 2012)
http://www.bloomberg.com/news/2012-06-29/xi-jinping-millionaire-
    relations-reveal-fortunes-of-elite.html
http://news.xinhuanet.com/yzyd/fortune/20130118/c_114417391.htm?
    prolongation=1

Von neuen Helden, rennenden Reichen und nackten Beamten

2013 Hurun China Rich List, released on Sep 11th, 2013 in Beijing
http://www.hurun.net/CN/HuList.aspx?nid=1
2013 Forbes China Rich List, International Financial News
    (18. Oktober 2013)
http://money.163.com/13/1018/07/9BF1AKBH00252G50.html
http://en.broad.com/bsb.html
Reuters (28. Juni 2012)
http://www.jiameidental.com/Home/About/index
Ta Kung Pao (14. März 2014)
2013 Forbes Rich List Top, incomplete statistics
http://photo.takungpao.com/politics/2014-03/1377006.html
http://money.163.com/special/2011hurun/
People's Bank of China Report (26. June 2011)
(http://content.time.com/time/world/article/0,8599,2079756,00.html)
The Economic Observer, 2012
Bloomberg (27. Februar 2012)

Der chinesische Traum

Focus (17. November 2011)
Xinhua (6. März 2014)
New York Times (6. März 2013)
Kolumne von Liu Shengjun im Wirtschaftsmagazin Caixin
    (7. Januar 2013)
http://opinion.caixin.com/2013-01-07/100480064.html
Sina & Nanfang Zhoumo (4. Januar 2013)
http://news.sina.com.cn/m/2013-01-04/144425953356.shtml
BBC (4. Januar 2013)

http://www.bbc.co.uk/zhongwen/simp/chinese_news/2013/01/130104_
    nanfangzhoumo_newyear.shtml
New York Times (6. März 2013)
2013 Annual Report on the Situation of Human Rights Defenders in
    China, March 2014
http://www.amnesty.org.uk/blogs/countdown-china/nightmarish-year-un-
    der-xi-jinping's-"chinese-dream"-2013-annual-report
Barbara Lüthi, SRF (4. Januar 2013)
http://www.bbc.co.uk/zhongwen/simp/chinese_news/2013/01/130104_
    nanfangzhoumo_newyear.shtml
http://www.ssapchina.com/ssapzx/c_00000009000200010005/d_0735.
    htm
Rao Yinsha, Zhou Jiang, Tian Zhaobin and Yang Yiyin, Survey on Social
    Trust Status among Urban Residents